コミュニケーションがうまくとれる校長、とれない校長

教職員、児童・生徒、保護者・地域、教育委員会等と上手につきあう方法

吉田和夫

学事出版

はじめに

「校長が替わると学校が変わる」とよく言われます。つまり、学校を良くするのも悪くするのも経営者・管理職である校長や副校長（教頭）次第であると言い得るわけです。

それは、先進的な小中一貫校や中高一貫校、そしてコミュニティ・スクールであっても同様ではないかと思います。どのように優れたシステム（仕組み）を取り入れても、それを活かす人、つまり校長や副校長（教頭）を初めとする教職員の存在が必要不可欠であり、それらがうまく機能しなければ児童・生徒のための学校づくりはできないと考えます。

では、校長のリーダーシップの要となる力とは何でしょうか。それはとりもなおさずコミュニケーション力であると言えます。私は校長を退職してから既に7年、大学で教師志望の学生に対し、国語科を中心に様々な教職演習や教員採用試験対策講座を指導してきました。その中で、言語の力、特にコミュニケーション力が今後、より一層必要であることを日々実感しています。そして、それは新規採用教員のみならず、否、学校経営者である校長にこそますます言えることではないかと考えざるを得ません。

本書においては、それぞれの具体的な事例を取り上げ、その中でコミュニケーション力を高める基本的な考え方や方策を示しました。ぜひご一緒にお考えください。

予め申し上げておけば、これらの事例は私が直接・間接に関わり見聞きしたものであります。また、私がこれら事例への対応をきちんと速やかにできたかと言えば、必ずしもそうではありません。実は失敗から多く学んでいることもあります。

いずれにしても、「主体的・対話的で深い学び」が問われる学校現場において、「最適解」を求める経営層の皆様のコミュニケーション力を高める一助になれば望外の喜びです。

なお、この本は学事出版発行の『月刊プリンシパル』に連載したものを編集し直したものです。花岡萬之氏及び担当編集者の方々のご尽力に感謝申し上げます。

吉田和夫

2019年8月

目次

第4章 保護者・地域とのコミュニケーションがうまくいく方法 107

第5章　教育委員会・関係諸機関とのコミュニケーションがうまくいく方法　

第1章

なぜいま
コミュニケーション力が
大事なのか

学校経営を左右する校長のコミュニケーション力

近年、学校を取り巻く社会的環境は複雑かつ多岐にわたり、昔のように学校のことだけに集中して対応すれば学校経営がうまくいくという時代ではなくなっています。私が勤務した最後の2校はコミュニティ・スクールでしたが、どの学校でも保護者や地域との対応・連携・協力・対話・協働なくしては一日たりとも学校経営ができない状況でした。

学校経営の中核は言うまでもなく校長ですが、その校長の最も大切な能力は「コミュニケーション力」であり、特に様々な人たちとの対話こそがその中心になると私は考えます。さらに言えば、学校経営のみならず、人生の中核をなすのはこの人々との対話・対応の力であると強く思います。

校長が対話を行うのは保護者や地域だけではありません。児童・生徒、教職員など、学校内部の人間関係をより豊かで確かなものにするためにも、校長の力量が問われています。

さらに、学校に関係する教育委員会や行政など関係諸機関の方々、指導員・介助員、スクールカウンセラー、スクールソーシャルワーカー、ＩＣＴ支援員、栄養士・調理師等々、教員とともに実に多様な人々がチーム学校のメンバーとして日々学校経営や運営に関わっています。いかに多くの人々との関係の上に現在の学校経営が成り立っているか、毎日触れ合う人々の数を考えればすぐにわかるのではないでしょうか。

かつてはコミュニケーションということにさほど留意しなくても、教育を支える地域や保護者の風土や文化が有形無形のコミュニケーション母体、つまり「コミュニティ」がうまく機能し、学校を支えてくれました。しかし、現在、それらの古き良き関係は変貌しつつあり、新しい関係を構築する必要が明らかになっています。

このような状況の中、必ずしも校長だけがそれに対応するわけではありませんが、様々な人々を束ね、リーダーシップを発揮する際に、最も問われるのが、校長のコミュニケーション力であることは間違いありません。

社会でも一層重視されるコミュニケーション力

日本経済団体連合会が実施した「２０１６年度新卒採用（２０１６年４月入社対象）に関するアンケート調査」では、多くの企業が学生を採用するに当たって、「コミュニケーション能力」を最も重視しているなど、コミュニケーションに関する能力の育成を求める社会的要請の高まりが指摘されます。また、選考時に重視する要素としても「コミュニケーション能力」は13年連続でトップです（次頁上段の図）。

このような社会の流れからも、コミュニケーション能力が学校現場でも重視されるのは

■選考に当たって特に重視した点

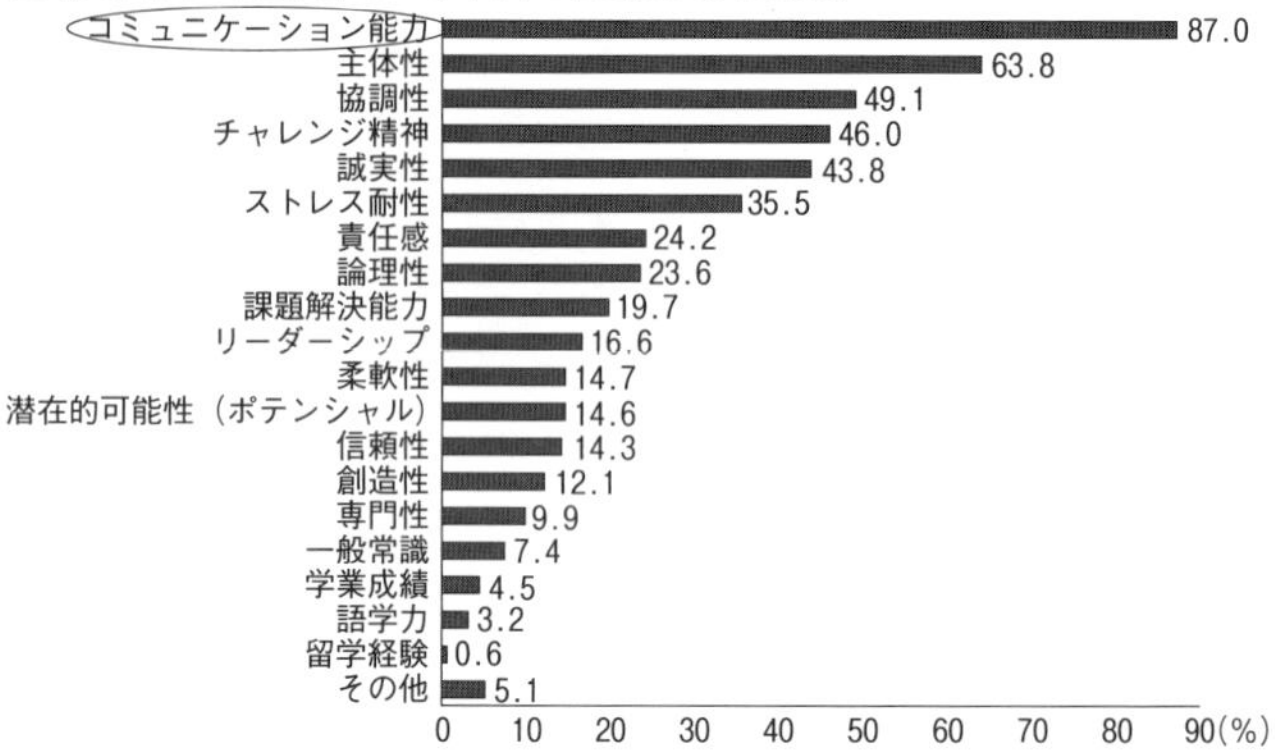

当然のことだと言えそうです。

次頁上段に示す表は私が研修会の講師や地域での講演などで必ず用いる「社会人基礎力」（経済産業省経済産業政策局産業人材政策室）です。

２００６年（平成18年）に公表されたこの内容が私は新学習指導要領の原点だと考えています。

２０１７年度２月16日に中央区立日本橋中学校で研究発表会がありました。この中学校は平成28・29年度中央区教育委員会研究奨励校として、この社会人基礎力を踏まえた取組として「生涯の展望をもち自らの夢を語れる生徒の育成～これからの学力を考える　新学習指導要領を踏まえて～」を研修主題に研究を進めてきました。学校・教科としての観点の明確化を図り、①興味を持つ題材・教材の開発　②課題解決的・既習事項活用的学習　③対話を重視した言語活動　④振り返り活動の重視　⑤日常生活や

新学習指導要領の背景
「社会人基礎力」

1.前に踏み出す力（アクション）	①主体性	物事に進んで取り組む力
	②働きかけ力	他人に働きかけ巻き込む力
	③実行力	目的を設定し確実に行動する力
2.考え抜く力（シンキング）	④課題発見力	現状を分析し目的や課題を明らかにする力
	⑤計画力	課題の解決に向けたプロセスを明らかにし準備する力
	⑥創造力	新しい価値を生み出す力
3.チームで働く力（チームワーク）	⑦発信力	自分の意見をわかりやすく伝える力
	⑧傾聴力	相手の意見を丁寧に聴く力
	⑨柔軟性	意見の違いや立場の違いを理解する力
	⑩情況把握力	自分と周囲の人々と物事との関係性を理解する力
	⑪規律性	社会のルールや人との約束を守る力
	⑫ストレスコントロール力	ストレスの発生源に対応する力

社会生活への広がり　⑥他の教育活動・教科に関連する学習という6観点から、各教科等を貫くカリキュラム・マネジメントを促すという方向を掲げ、授業の創意・工夫を啓発し、教科書の枠組みを超えた実践や生徒による価値選択制の道徳などユニークな方法で、生徒の学力と意欲の向上に成果を上げました。

私はこの社会人基礎力をこれが良いという方向で紹介・導入したのではなく、むしろこれを踏まえて学校としてより良い新たな「基礎力」の要素を考えてほしいと願って示したものです。実際、生徒たちからこの表にない要素が出てきました。それが「コミュニケーション力」です。生徒が進む未来に向けて、生徒たち自身がそれを指摘する――大きな学習成果です。

「コミュニケーション力」は言語力とは大き

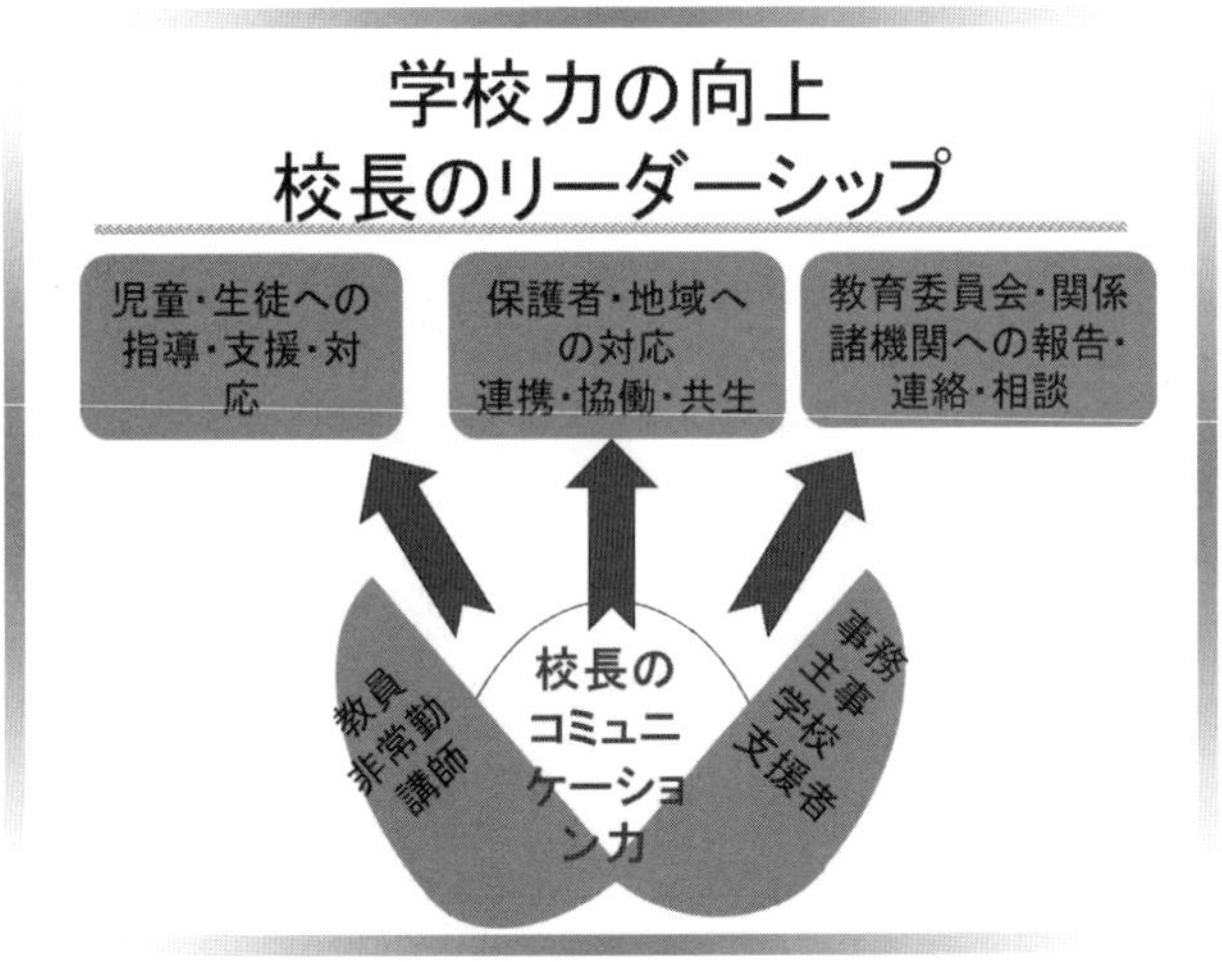

く異なると私は考えます。むろん、適切な言語力は不可欠ですが、それだけではなく、コミュニケーション力には何かを伝えたいという思いや願いとともに、相手に対する意識が絶対的に必要であると思われます。

私の勤務先の大学で「児童・生徒及び保護者に信頼される教師とはどのような教師だと考えるか、またそのためにどのような実践をしていきたいか」という課題を出したところ、教師を目指す学生の多くからもコミュニケーション力に関する指摘がありました。それだけ喫緊の課題であるということです。教員採用試験をはじめ、多くの企業や組織がコミュニケーション力のある人材を求めているのですが、一方で、様々な問題がコミュニケーション不全によるミスリードで起こることが多いと言えます。

このようなコミュニケーション力に伴う課題は、教職員全員が意識すべきことですが、「隗より始めよ」――まずは校長・副校長が実践し、範を示すべきでしょう。

コミュニケーション・ストラテジーとは何か

この本の一番のキーワードは「コミュニケーション・ストラテジー Communication Strategy」です。「戦略的話術」とでも訳せましょうか。「戦略」とは、「長期的・全体的展望に立った闘争の準備・計画・運用の方法。戦略の具体的遂行である戦術とは区別される」（『大辞林』第3版、三省堂）とあります。「戦略」という言葉が嫌いなら「方略」としてもよいでしょう。また、「計略」とは謀りごと、特に人を騙すための策略ということで、該当しません。ただ、「目的を達成するための考え方」ということは押さえておきたいと考えます。

ここで私が用いる「コミュニケーション・ストラテジー」とはおよそ次のような要件があると意識してほしいと考えます。

1　目的を達成するための方法や手段としてコミュニケーションを位置づけること。

2　目的のための話術ではあるが、あくまでも目的の共有や目標の確認、「最適解」を得るための手段として行うということ。

3　どちらか、あるいは双方が、それによって深く傷ついたり長く恨みに思ったりして、将来的な人間関係に悪影響を及ぼすことがないようにすること。

4　願わくは、双方あるいは三方（関係する当事者双方と周りの社会や人）に良き結果や影響をもたらすものであること（Win-Win を超えて「三方良し」となる）。

5　目的や目標のために当事者相互の理解や協力が一層啓発され、相互の関係性がより良くなり、それにより目的への達成が可能となること。

6　目的のためには手段を選ばないという姿勢ではなく、公平・公正・道義的な方策となること。

コミュニケーション力はまさに「人間関係形成力」であると言えるでしょう。

第2章

教職員とのコミュニケーションがうまくいく方法

1　職員室の雰囲気が悪い

責任は管理職にある

職員室の雰囲気の良し悪しは多くの場合、正直なところ、管理職の責任です。具体的には、校長のベクトル（方向性）と教頭（副校長）の職員室内や教職員への対応が課題となります。

新しく着任する教員が多く、職場の雰囲気や環境が一変する年度当初こそ、職員室の雰囲気を刷新する絶好の機会です。逆にそれを逃すと、徐々にそしてやがては急速に、職員室の雰囲気が悪化します。

早速、事例に基づき対応方法を考えていきましょう。

事例１　やる気のないベテラン教員

　Ａ校長は赴任した学校の職員室の雰囲気が大変暗いことに気づいた。新しいことをやろうと教員たちに声をかけても、古参の教員からは無理だという声が聞こえてくる。彼らは若い教員に担任の仕事を与えず、かといって自ら主任に名乗りを挙げるということもない状況。そんな状況のもと、全体に学校の雰囲気が沈滞し、生き生きとしていないのである。

　このような学校に着任されたことはありませんか。「ない」という方、それはとても幸せですが、ひょっとすると（校長室にこもりきりで？）職員室の雰囲気の悪さに気づいていなかったということはないでしょうか。

　このような学校の雰囲気を変えるには、校長としてどうすればよいのでしょうか。そのためのコミュニケーション・ストラテジー（戦略的会話術）はどのようなものなのでしょうか。それを検討していきましょう。

【コミュニケーション・ストラテジー】

❶ まずは状況分析を

まず、この雰囲気を誰が感じ、誰が醸し出しているのかを確認します。

職員数人と面接して、それとなく職員室の雰囲気について話題にします。その際、新しく着任した教員の何人かに必ず聞いてみることです。彼らも同じように職員室の雰囲気の悪さを感じているかもしれないからです。もしそうなら、雰囲気が悪いと感じていることは「事実」だということです。

それがわかったら「雰囲気が悪い」とグチったり話のタネにしたりして終わっている場合ではありません。なぜその雰囲気になってしまっているのかをすぐに分析し、対策を検討することが必要です。

まず、「どうしてだと思いますか？」という質問をしてください。その際は校長の考えを述べるのではなく、聞き役に徹してください。

面接の中で、「あまり感じない」とか「特に問題ない」と答える人がいたら、逆に十分注意する必要があります。その人が、その雰囲気を生み出し、そこに安住する「張本人」である可能性が高いからです。特に、教頭や副校長には十分注意しましょう。なぜなら、職員室の雰囲気の大半は、幹部職員である教頭や副校長、そして主幹教諭、学年主任などによって決まるからです。

ただし、校長に着任して1年以上経っても学校の雰囲気が悪いとすれば、それは明らかに校長の責任だと自覚すべきです。特に、校長と教頭・副校長との関係が悪いと、当然、職員室のみならず、学校全体の雰囲気が悪くなります。

❷ 共感者との戦略的対応

面接の次にすることとは、「雰囲気を変えたい」と考える教師を少なくとも3人以上ノミネート（指名）することです。ただし、彼らと飲み会や密かに戦略会議をするのもいいですが、職員室のヘゲモニーを握る側の人間からすれば、この行動は「反逆行為」に見えるので、行動を察知されないように慎重に運びましょう。

そこで、学校外部の運営協議会や評議員、またＰＴＡや児童会・生徒会の役員などを活用し、その人たちと話し合う場を設け、そこに関係する係や役割などとして同席してもらいます。つまり別の話題を通して、間接的に同志の話し合いの場を増やしていくのです。その場には、雰囲気を悪くしている「張本人」が入ってもいっこうにかまいません。いやむしろ、校長を中心に明るく爽やか雰囲気を話し合いの場で創り出せれば、その人たちをも少しずつ感化できるかもしれないからです（いわば、宴席の日常生活への応用ですね）。

また、職員室でその会合の話題などを積極的に取り上げ、会合の明るい雰囲気を持ち込み、職員室の雰囲気を刷新することもできます。要は、児童・生徒、保護者、地域の人々など、教職員以外の「第三の勢力」を巻き込んで味方にし、積極的に活用するということなのです。

❸ 異動という方策の良し悪し

雰囲気を変えるために教職員を異動させる戦略もあり、それでうまくいくこともありま す。しかし、正直、あまりお勧めしません。それは、職員室の雰囲気は職場集団の親和性に大きく依拠するからです。新しく入った教職員も1年程度は持ち味を出せません。「ミイラ取りがミイラになる」ではないですが、既存の雰囲気に引き込まれ、むしろそれを悪化させることもあります。校長の思いと人事異動だけで職場の雰囲気を変えられるほど、現実は甘くないのです。

2 明るい職員室が生き生きとした児童・生徒を育む

明るく・楽しく・前向きな職場づくり

昨今、「ブラック」と揶揄されがちな学校現場ですが、本来、学校は「希望と未来への可能性を創り出す」「学びの場」です。元気で生き生きとした教職員を生み出す、明るく・楽しく・前向きな職場づくりが、生き生きとした児童・生徒を育むことにつながります。それを実現するためのコミュニケーション・ストラテジーについて考えます。

事例2　現任校に不満をもつ教諭

今年度P中学校に着任した教員の中に、昨年度末の面接の際から、ずっと態度の思わしくない教員がいた。40代のC教諭は、そもそも前の学校から転出したくないのに管理職から出るように命じられ、しかも家からも遠いこの学校に着任することになったというのだ。

異動の際の人事カードによれば、前任校では技術科の教員としてそれなりの評価を得て、指導力もあるが、同一校での勤務が長期にわたり、学級減への対応もあって、今年度の異動を余儀なくされたのである。異動するなら同じ学区の別の学校に行きたいと本人は強く主張したが、地区異動の関係で、そうはならなかった。これまでにもこのような「わがまま」を言う教員もいたが、今回のように着任してからも頑なな態度をとるケースは珍しい。人事のことについては、必ずしも校長の意図通りにならないこともある。このままでは教員への士気にも影響すると考え、B校長はD副校長と一緒に何回かの話し合いをもった。また、今回の異動について、教育委員会指導課と連絡をとり、異動状況について確認し、対応について逐一報告することにした。

そんな折、C教諭に不信感を抱くD副校長は技術科室での授業観察を行い、全く熱のない指導をするC教諭に怒り、校長室に呼び入れて、思わず大きな声で怒鳴りつけてしまった。「そんな態度なら教師を辞めろ!」。この声は職員室にも聞こえ、水を打ったように一気に静まりかえり、明るい雰囲気は一挙に吹き飛んだ。同席したB校長は、すぐにこれから先の対応をせざる得なくなった。

思わず怒鳴ったその言葉が、後で大きなトラブルを招き寄せるなど、生活指導の場面や保護者対応などでも往々にして起こることです。しかし、今回のように子どもたちに不適切と思われる指導をしているC教諭に対して、校長や教頭（副校長）は一体どのように対応すべきだったのでしょうか。

児童・生徒への悪影響

この事例の課題は何でしょうか。それは、C教諭が異動について十分納得しておらず、その後の行為が児童・生徒など子どもたちへの指導に影響したということにあります。そして、それは管理職である副校長を怒らせたのです。

C教諭の姿勢はもちろん教師として許されることではありません。しかし、どのような人間でもあまりに理不尽な（と本人が思う）状況に置かれると、全く思いもよらなかった行動を取ることがあります。そうした「事実」も知っておく必要があります。多くの教職員の不祥事も、実はそのような状況の中から生まれることが結構あります。その「事実」に校長や教頭（副校長）などの経営層は気づくべきです。もちろん、教員個人の不祥事がすべて経営層の責任とは言いませんが、学校といういわば運命共同体のような存在が、その一体感を高め、まさに「チーム学校」として組織的に機能するためには、個々の教員の置かれた状況やその心理作用について対応することも必要なのです。まずは、課題が生じた全体の状況を分析・把握しましょう。それは、およそ次のようになります。

【状況の分析・把握】

① Ｃ教諭は異動への不満を持ち続けていた。
② 異動への苛立ちが不安定な精神状態を生んだ。
③ それにより本来の授業や指導ができなくなっていた。
④ 副校長は苛立ちをもって授業を観察した。
⑤ そして、熱の入らない授業に怒りを覚えた。
⑥ 校長室での怒鳴り声が職員室に響いた。
⑦ 職員室の雰囲気がその声で一変した。
⑧ 校長は対応を余儀なくされた。

より早期対応が必要だった

次に、どうすればよかったかを具体的に考えていきましょう。結論から言えば、より早期の対応が必要だったということです。

【コミュニケーション・ストラテジー】

❶ 異動の必然性や意義や価値を指導する

人生には往々にして自分の願いや努力が報われない、理不尽なこともあります。けれども、不思議とそれが別の新しい展開を生むこともあるのです。それを「セレンディピティ[1]」と言うようですが、この感覚を実際に体験した方も多いでしょう。私はいつも、誰にでも、この話をします。「異動は最大の研修」であり、その機会を生かす前向きな考え方が必要です。長期にわたり一つの学校や地域だけで過ごすことは公立学校の教員にはできないことです。しかし、そのために新しいチャレンジや人間関係の幅が生まれるのですから、ます、このことを最初に話すべきだと考えます[2]。また、異動についても今後希望すれば可能な限り校長として努力することを約束することも効果的です。

❷ 授業や指導などへの期待を話し、啓発する

たとえ望まない学校や児童・生徒との出会いでも、授業や指導にそれが影響するようでは「プロとしての自覚」がないわけです。それはもちろんC教諭の心の弱さでもあるのですが、本来の授業力や指導力を発揮できるよう教頭（副校長）と一緒に、これまでの成果を報告させたり評価[3]したり啓発したりして、お互いのラポール（信頼関係）を高めることが必要です。早い段階でこれがあれば、校長の気持ちもわかり、両者の不必要な「苛立ち」やそこからの視点での副校長の観察もなかったはずなのです。

❸ 指導・助言は相手意識でより効果的になる

児童・生徒への生徒指導や生活指導と全く同様ですが、「怒り」による「大声」や感情的な対応は逆効果になることが多いのです。このような結果を生み出せない指導・助言は全く無意味です。また、そのような罵声や怒声が周りにいる児童・生徒を萎縮させるのと同様、教職員も萎縮させます。それでは伸び伸びとした学校は生み出せません。「感情的にならず、静かな声で諭す」という方向が教職員の指導力や力量を高めるということを日頃から意識し、それを校長は常に語るべきです。

❹ 指導・助言は児童・生徒の反応により生きる

良いことに対する評価は明るく大きな声で、時には皆の前で行うとよいのですが、叱責は可能な限り個別に、しかも他の人に聞こえないように行うことです。

教師にとって児童・生徒の正直な反応や声が、校長や教頭（副校長）の指導や助言以上に効果的なこともあります。また、同僚の正直な声にも多くの教職員は敏感なものです。

人間は変化する

私の経験では、最初に反発し、やりあった教職員が、後日最も仲良くなり私を支えてくれたというケースが多くあります。人は関係性によって変化するものです。教師たる者いつもこのことを自覚し、授業や学校経営、運営に当たりたいものです。人間は変化するものなのですから。

注

（1）「セレンディピティ（serendipity）とは、素敵な偶然に出会ったり、予想外のものを発見したりすること。また、何かを探しているときに、探しているものとは別の価値があるものを偶然見つけること。平たく言うと、ふとした偶然をきっかけに、幸運をつかみ取ることである」（ウィキペディアより）。

（2）これは、本来前任校の校長の仕事です。しかし、都合よく異動ができたということばかりに目を奪われて、本人自身への言葉かけが少ないケースも多いようです。その不満が次の学校への適応を難しくします。

（3）ご承知のように「評価」とは本来、段階などを評定することではなく、Evaluation つまり、value（価値）を見出し、それを意味づけることです。

3　校長の言葉かけと教員の指導

言葉はコミュニケーションの基本

児童・生徒への言葉かけが苦手な教員が少なくありません。特に、授業内の指導言や助言は適切にできるのに、休み時間や放課後の生徒への対応がうまくできないという教員がいます。一方、日常の学校生活や家庭での話などを引き出すことがとても上手な教員もいます。

同じことは校長にも当てはまります。校長室に閉じこもり、あまり児童・生徒と話をしない校長がいます。そうかと思うと、こまめに授業や教室を回り、直接児童・生徒と関わり、担任以上に関係を深める校長もいます（これは時に担任を飛び越えて話すために、実はちょっと困ることもあるのですが）。

では一体、校長はどのようなスタンスで児童・生徒と話をすればいいのでしょうか。学校内で必要となる校長の児童・生徒への言葉かけについて考えたいと思います。これも、学校経営上必要なコミュニケーション・ストラテジーです。
生活指導上、様々な課題がある生徒への対応を事例として考えてみます。

事例3　地域同士の反目が生徒に影響

E校長が4月から勤務している中学校は、県内中央にあり、学区には二つの駅、一つは乗り換えもある比較的大きなQ駅、もう一つは住宅地の中にある小さなR駅である。Q駅周辺には商店街や繁華街、さらには高層マンションもあり、乗降客も多くにぎわっているが、反面、様々な課題も発生している。住宅地にあるもう一つのR駅は落ち着いており、周辺には古くからの商店やスーパーマーケットがあり、駅前から整備された道路に広い住宅地が整然と並び、高級感ある街づくりである。

実は、この二つの地域の住民はことあるごとに対立しており、それが生徒にも影響している。学校全体はほぼ落ち着いているが、2学年には課題をもつ生徒が多く、学年全体がやや不安定である。中でもD君はQ駅近くの高層マンションに住み、比較的恵まれた環境で幼い頃から塾に通い成績も良い。しかし、両親の仲が悪く、その影響もあり、弱い者いじめや暴力をふるうことなどもある。D君も保護者も、若い担任の言うことをあまり聞かず、見かねてE校長が直接指導する場面も多い。

この事例からは、D君の態度は保護者の姿勢と同様、若い学級担任の指導を無視し、直接校長が対応せざるを得ないという様子が読み取れます。しかし、これではこの先、進路指導も含めD君の学校生活への対応にも、学校としてのマネジメントにも課題を残すことになります。このケースを考える中で、学級担任の言葉かけと校長の言葉かけ（つまりそれはコミュニケーションのスタンスの問題でもあるわけですが）の違いや関係を考えてみましょう。

立場とスタンスの違いの明確化

校長や副校長・教頭が担任の役割を務めざるを得ないことはあります。しかし、それはあくまでもその担任が病休であるとか、何か特別な事情がある時に限られます。担任が担任として機能しない場合は、学年の教員が手分けして対応するとか、教育委員会に連絡して臨時的な配置をするとか、学校全体で対応することが必要です。長期間にわたり管理職などが担任の役割を務めることは難しく、また、本来やるべきことではありません。そのことを踏まえ、生徒や保護者に接することが必要です。

以下、この事例での今後の方向性を示します。

【コミュニケーション・ストラテジー】

❶担任の立場を代替することは難しいことをわきまえる

担任の立場・スタンスは独自のものであり、校長（あるいは副校長・教頭など経営層、さらには主幹教諭や主任教諭など指導的な教員）とは自ずと異なっています。どちらが上、下という役職関係ではなく、教育的な立場、つまり教育機能が異なるのです。したがって、立場を完全に代替するのは難しいし、それを補完することは状況によりある程度は可能ですが、学校組織本来の健全な姿ではありません。

❷担任の立場を最大限に尊重する

立場や役割として担任の代替は難しいし、本来やるべきことではないと、校長の責任としてきちんと説明します。また、担任は生徒や保護者が認めてこそその機能を発揮できるのですから、担任の立場が無視されたならその機能を発揮できないわけですし、そうなると学校全体の問題と言えます。

❸学年及び他の教員の対応によりその担任を支援する

担任の力量などについて生徒や保護者に不安や不満がある場合、学年及び他の教員の対応によりその担任を支援すること、またその必要性と意義をしっかりと説明します。学級担任を替えることは基本的に難しいし、少なくとも1年間は継続することが必要です。これについては、校長の責任のもと、副校長・教頭と学年主任が一緒に対応することになります。

❹ 学級担任の指導力・助言力を向上させるための取組を学年、あるいは全校で行う

その指導は、主幹や主任など指導的立場の教員が行いますが、プログラムは校長・副校長とともに検討します。ただし、これは保護者に話すことではなく、内部の課題です。学級担任の何がどのように課題なのかについて、生徒・保護者の聞き取りのみならず、周りの教員にも個別に情報提供をさせ、戦略を練ります。

❺ 生徒や保護者への説明責任を果たす

これらを踏まえ、生徒を指導・支援し、その能力と可能性を引き出すことが学校や教員の使命であることから、それぞれの立場から生徒や保護者への異なる関わりが生まれます。その関わりは、必要に応じて個別に実施します。それについて、生徒や保護者が十分理解するように説明することが経営層の役割です。

❻ 立場や役割を尊重した情報交換

必要に応じて必要な情報がそれぞれの役職の各層に入るよう、学校全体の「報告・連

絡・相談」機能の充実が必要ですが、それはそれぞれの立場の専門性や権限を無視したり軽視したりすることではありません。それぞれの立場や役割に立ち、教員が生き生きと自律的に行動することが学校経営上最も大切なのです。

❼ 個人およびチームとしての評価

成果は常に「生徒・保護者の満足」「やる気や活力」「結果としての成果とそれを生み出した過程」にあります。それを念頭に置き、学校経営・学年経営・学級経営を行うことが必要です。教員の評価はそこで決まりますが、個人のみではなくチームとしての評価も必要です。

このような方向性で学校経営の中での担任の役割や機能を保護者や生徒に正確にしっかりと伝えることが必要であり、この立場とスタンスの違いにより生徒・保護者への対応も変える必要があります。

4 チーム学校を目指して

様々な専門性をもった人との協働

近年、「チーム学校」が重要視され、取組も広がっています。

かつて学校を担っていたのは、教師という専門職集団でした。実際は教師以外に事務職や用務主事などもいたのですが、それらの人々はいわば教師の補助者として、固有の専門性はあるものの、概ね教師の立場に気をつかいながら、教師の仕事の調整や手助けをしてくれていたのです。しかし、現在、教育に関わる様々な分野の専門性を有する人たちが学校に関わるようになり、連携・協働は学校経営の成否に欠かせないポイントになっています。

こうした環境の変化に対応した新しい学校づくりが校長には求められています。

事例4　教職員や児童・生徒とうまくいかないスクールカウンセラー

教職員の雰囲気は改善しつつあるが、ここにきて、別の課題が生じた。それは４月に新たに赴任したスクールカウンセラー（ＳＣ）がどうも教職員や児童・生徒とうまくいかないようなのだ。このＳＣは以前勤務していた人と異なり、あまり職員室にもいないし、教室をまわることも少ないようである。それだけではなく、どうも事務職や用務主事、図書館司書などと、職員会議とは別の組織を形成しつつあり、副校長の仕事などにも時に非協力的な態度を示すのである。

ＳＣやＳＳＷ（スクールソーシャルワーカー）など、教員とは別の専門性を有する職員が学校に増えつつあります。さらに、学校図書館には司書が、特別支援学級には支援員や介助員が、そして放課後の学習教室や部活動、居場所づくりには地域の大学生やボランティアの方々が、さらにはＩＣＴ支援員、地域や学校のコーディネーター、そしてコミュニティ・スクールの学校運営協議会の方々など、様々な人が日々学校の中で重要な役割を担いつつあります。

図1　**学校経営のベクトル**

★学校の目指すものと学年・教科・分掌・所属の目指すものとの一致
★学校経営と分掌経営・教科経営の連携・協働
★児童生徒の未来のために！　意欲と能力と可能性を育てる

ベクトル（方向性）の一致
こそが、学校経営・
教育経営に必要
教育機能の向上につなげる

ベクトル（方向性）の在り方

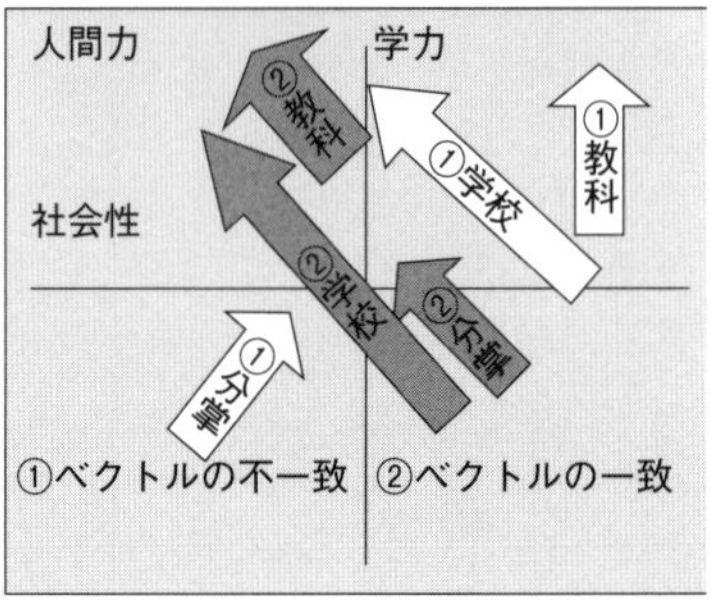

みんな違ってみんないい？

金子みすゞの詩ではありませんが、確かに「みんな違ってみんないい」が人間関係の理想です。しかし、現実の学校はそれだけでは困ります。

上図は学校経営のベクトルを示したものです。①のように、学校全体の目指す方向（人間力）が教科や分掌、あるいは各学年の目指す方向（学力）と異なると力が結集しません。②のように、それらが一致して一つの方向性（人間性）を目指すベクトルの一致が必要なのです。この全体の方向性の一致を目指すのが校長の経営力です。

ベクトルの一致を図るために

では、ベクトルの一致を図るために校長が働きかけることは、何なのでしょうか。事例に沿って検討しましょう。

【コミュニケーション・ストラテジー】

❶違いを違いのままにしない

まずスクールカウンセラー（ＳＣ）との直接の対話が必要です。ＳＣに限らず学校に勤務するすべての教職員（教員および学校職員）は校長の管理下にあります。ですから、直接指導することが可能であり、必要です。その際、相手の専門性に必要以上に遠慮せず正対することです。それぞれの専門職の特性を生かしながら、その対応を補うためには何が必要か、しっかりと指摘することです。「違いを違いのままにしない」――これが必要です。

❷「異端」を生かしながら、全体の一部にする

別組織の形成は裏で私的に行われる際にとかく公的組織との対立を生みます。かといって、それらの分断は難しいでしょう。むしろ、この事例のような会があるなら、それを一

つのプロジェクトチームにしてしまうのです。具体的に言えば、中学校では「第4学年」などと位置づけ、副校長や校長もそこに入るようにします。「異端」を生かしながら、全体の一部にするという発想です。

ほめることより認めることを

「ほめて育てる」という考え方があります。多くの教員は生徒に、そして多くの校長は教職員に対して、ほめて育てることを実行しているように思います。しかし、私はそれだけではだめだと思うのです。やはり、ダメなものはダメと言い、良いものは良いと言う毅然とした態度が校長には必要です。これは児童・生徒や保護者に対しても同様です。

言い換えれば、ほめるのではなく、「認める」ことが必要なのです。その人の長所や強みを十分知った上で、それならこれをこのようにと、しっかりと指導・助言することが絶対に大事です。安易なほめ言葉より、相手を認めた上での適切な言葉かけの方が最後は相手の心に届くものだと思います。

5　チーム学校とは言うけれど

どうせ働くなら、雰囲気の良い場所に

「どうせ働くなら、雰囲気の良い場所に」これが教師や校長として、そして現在の職場でも心がけている私のプリンシプル（principle 原理・原則）であり、それはプリンシパル（principal 校長・主人公）によって支えられます。そう、職場の雰囲気は人生の主人公であるあなたが変えるのです。

「チーム学校」という言葉が巷で使われ、これまで以上に学校の組織的な経営や運営が求められていますが、それは今に始まったことではなく、けっして管理職だけの問題でもないのです。一人ひとりの教職員が単に組織の効率的な運営だけでなく、お互いの関係性を高め、やる気を相互に引き出す――そんな雰囲気づくりを心がけるべきです。良い雰囲気は概ね上司や同僚との関係から生まれます。校長や管理職の責任は一段と重いのです。

事例5　自分のやり方を押し通す事務主事

　最近、事務処理にとても時間がかかるとS中学校のG教頭は感じている。それは、新しく転勤してきた県費負担の事務主事Hさんのせいだろう。前年度まで県市の教育委員会から送付されてきた文書はきちんと整理され、決済用のボードに挟み込まれ、教頭はそれに目を通して、必要なものは校長に届け、担当者への周知及び決済準備をし、同時に教職員に必要な複写を渡した。
　しかし、最近は教育委員会からの交換便がそのまま教頭の机上に置かれることが多くなった。また、時には直接担当教諭の机上に置かれてしまい、提出などの進捗管理ができない状況もある。事務室でH主事に注意したが、「担当者がわかるものは直接教員に渡し、不明なものだけを教頭に渡している。前任校ではそのように校長に指示を受け、良かれと思ってやっているのに何が悪いのか」と泣き出されてしまった。G教頭は困り果て、事態をF校長に相談した。

さて、校長としてどのような状況分析を行い、どのような方策を立て、H事務主事にどのように話をすればいいでしょうか。そして、どのようなコミュニケーション・ストラテジーがF校長には必要でしょうか。

校長は何のためにいるのか

まず、この事例の課題は何でしょうか。それは、教頭と事務室、特に事務主事との関係が事務職員の異動に伴い変化したということです。

この状況を整理すると次のようになります。

【状況の分析・把握】

①　G教頭の求める書類の扱いとH事務主事のやっている事務処理とが大きく乖離している。

②　書類の流れについての共通理解がない。

③　事務がやりにくくなったことについて、教頭が直接事務室でH事務主事を指導してしまった。

④　H事務主事は良かれと思い、前任校で行った事務処理と同じように行った。

⑤　教育委員会からの収受文書についての基本的なマネジメントができていない。

⑥　教頭の進捗管理と担当教諭の処理との関係について、明確な方向性が示されていない。

⑦ 事務室を中心とした主事と教頭との連携・協働がうまくいっていない。
⑧ 状況について、校長の方向性が見えない。

他にあるかもしれませんが、およそ以上のような状況があると考えられます。このような状況の中、これらの状況を打破するために、私は最後の⑧の課題に着目する必要があると考えます。つまり、この状況は校長が解決するしかないのです。それは次のような理由からです。

〈事務処理のスムーズな流れは学校経営の要であり、この改善は教頭（副校長）の仕事の効率化を図り、学校全体の機能強化につながる。また、これは教頭をはじめとした教員の多忙化問題にも関わる喫緊の課題である。ゆえにこの問題の解決は学校の責任者である校長の仕事である〉

組織の長は本来さほど忙しくないことが望ましいのです。ただし、問題が生じたときには真っ先にその解決に取り組む必要があります。そのための校長です。困ったG教頭は最後にF校長に相談しますが、実はもっと早めに校長が対応すべき課題だったのです。

校長は何をやるべきか

Ｇ教頭の思いや願い、あるいは求める事務処理の流れとＨ事務主事の経験や思い、あるいは文書管理の方法は大きく異なっていました。しかし、このような齟齬は単に事務処理だけとは限りません。様々な課題や対応策の違い、相互の共通理解の不足、考え方の相違が生み出す誤解や人間関係の相克など、学校現場には常にこのような問題があります。

では、この課題に対して校長はどう対応すればよいのかを考えましょう。

【コミュニケーション・ストラテジー】

❶経営支援部を機能させる

学校経営には様々な方略が必要ですが、私は基本的にプロジェクト型の経営組織が望ましいと考えます。必ずしもすべて校長のトップダウンで決めるのではなく、各分掌組織をプロジェクト型にし、ミドルマネジメントを機能させることが必要です(1)。教務部や生徒指導部、進路指導部などとともに、私は「経営支援部」というプロジェクトが必要だと考えています。この組織は校長や教頭、主幹教諭などの学校経営を支える組織と位置づけます。

構成メンバーは教頭、事務主事、用務主事、スクールカウンセラー、スクールソーシャルワーカー、栄養士などですが、時には学校運営協議会やＰＴＡ（保護者会）の代表者などが入り、よりスムーズな学校経営のための課題を話し合い、共通理解を図ることを目的としています。開催場所は校長室とし、適宜アドバイスを行います[2]。

❷事務処理の流れを工夫・改善する

学校において事務的な文書は血液のようなものです。ＩＣＴが適切に用いられている場合は直接的・同時的な対応も可能ですが、教育委員会等から来る大量の文書をどのように回覧・閲覧・周知するのか、とても大きな課題です。学校によってはすべて校長が見て、教頭が校長の指示を受けながら、適切な担当教員を判断して渡すという流れで機能させています。しかし、これではそうでなくても多い教頭の業務量がさらに膨大になります。そこで、事務主事の段階で校長に原本を渡すとともに、あらかじめ担当者に写しを配布し、教頭の手を煩わさないという方法があります。校長から来る文書に担当教諭に渡した旨の付箋があれば、教頭の業務と進捗管理がスムーズになります。このような方向性を経営支援部会で協議し、校長が決定すればよいのです。

❸責任の所在を明確にし、自律・主体を目指す

難しい問題ですが、学校から発信する文書に関して、その責任と管理の問題が問われます。本来、すべての発行文書を校長が一律に把握すべきですが、正直これはとても難しい

ことです。むしろ、校長の責任の下、経営支援部で話し合い、一定程度担当者に任せ、その責を校長や教頭が取るという仕組みや覚悟が必要と考えます。「決済」という仕組みを効果的に活用します。経営支援部がある程度その最終確認を取ることが可能かもしれません。教育委員会への文書は校長や教頭が、学校だよりなどは事務主事が、学年だよりや保護者への文書はスクールカウンセラーや保護者代表が確認するという方向です。もちろん最終的な責任は常に校長にあります。トラブルがあった時に責任を取る、その覚悟をもって権限移譲する校長の姿勢が、むしろ健全な学校経営や運営につながるのではないでしょうか。(3)

❹ 主体的・対話的で深い学びを実現する

アクティブ・ラーニングという言葉が「主体的・対話的で深い学び」に変わりました。より具体的でわかりやすくなったと思いますが、実はこの「学び」は教職員にこそ必要です。「正解ではなく皆で最適解を求める」ことが望ましいのです。これは単に事務処理だけの問題ではなく、学校経営の基本的な考え方です。チームでより良い学校の在り方を考えることが今後ますます求められます。

人を育てる組織としての学校

学校は人を育てる組織です。児童・生徒だけでなく教職員の資質・能力の向上も学校の仕事であると考えます。人は一人では生きられないし、それほど強くはありません。何でも万能にできる人はいません。だからこそ、チームや組織で課題に対応することが必要です。

私の尊敬する友人の一人は、一代にして小さな塾から大学院まで併設する大きな学校組織を創り上げました。その人の理念Principleは「人を認める　人を排除しない　仲間を作る」です。[4] 私はそれに加えて「ともに育ち合う」を信条としています。教職員の「学び」を生み出す学校づくりは校長の使命です。

注

（1）拙著『なぜ、あの学校は活力に満ちているのか？——プロジェクト型経営のススメ』（東洋館出版社、2015年）参照。http://www.toyokan.co.jp/book/b193953.html

（2）各分掌プロジェクトは校長室で行うことがあります。ただし、基本的にプロジェクト組織の長（主幹教諭など）が校長のアドバイスを必要とするかどうかを判断し、別室で開催することも可能としています。校長に聞かせたくない話もあるだろうと考え、権限を委譲し、一定の自律を認めています。ただし、経営支援部だけは校長室で開催し、教頭（副校長）の学校経営・運営をより強化しています。

（３）権限移譲とは英語の empowerment の訳語です。エンパワーメントとは、相手を信じて力を与えることです。個人へのエンパワーメントとチームへのエンパワーメントがあり、両者の交互作用により、より確かな自律や主体性に向かうことになります。

（４）星槎グループ創設者・宮澤保夫「星槎三つの約束」http://www.seisagroup.jp/about/philosophy

6　教職員間での立場の違いが生む意見対立

多様な働き方が混在する学校現場

「チーム学校」ということが盛んに言われていますが、「言うは易く行うは難し」です。

なぜなら、正直なところ関わる人々の勤務体系も仕事の内容も、それに対する給与も違うからです。

学校には様々な教職員がいます。常勤のほかにも、嘱託の事務や主事、別枠のカウンセラーや心理士、そして派遣の調理師や栄養士、非常勤の講師や介助員、そして契約職員である図書館司書やICT支援員、さらにSSW（スクールソーシャルワーカー）やSL（スクールロイヤー）等々、多様な働き方をする人たちが同じ職場で教職員として勤務しています。

そうした様々な教職員が同じ職場で働く場合にどのような課題があるのでしょうか。

事例6　学校司書と国語科教諭の対立

T中学校のJ学校司書は図書館系NPO法人の理事も務め、読み聞かせやブックトークなどの読書活動にも詳しく、分担執筆した著作もあるという極めて優秀なベテランである。週4日勤務だが、事務室での人間関係も良く、生徒にも慕われ、K校長も頼りにしている。

異動により今年度から図書委員会顧問になったL教諭は、国語科担当ではあるが、司書教諭の資格はなく、読書や読書活動、図書教育にはあまり熱心ではない。

新しく図書委員長に選出された3年生女子のMさんは、1年から図書委員に所属し、J司書の下で図書館運営にも携わってきた優秀な生徒であったが、直接的な物言いで、時に教師とも対立することがあった。

個人情報を扱う図書貸出を生徒が行うことに反対したL教諭は、Mさん、そしてJ司書と言い争いになってしまった。そのため、N副校長とK校長は両者の調整に入ることになる。

顧問は教員にしかなれないのだが……

まず、この事例の含む状況を考えてみましょう。

優秀な学校司書でも週4日の非常勤職員なので、立場として常勤の国語科教員には遠慮します。しかし、図書委員会の指導や図書館運営という点ではどうでしょうか。また、図書委員は生徒なので、貸出ができないという発言は正しいでしょうか。

この状況を整理すると次のようになります。

【状況の分析・把握】

① L教諭とMさん、J学校司書の言い争いはどこから生まれたのか。
② 図書館司書と図書委員会顧問の関係はどうか。
③ 常勤教員と非常勤職員との関係をどう考えるか。
④ 図書委員会の活動と個人情報の関係はどうか。
⑤ 生徒の自主的・自立的な活動と教員の指導の関係はどうか。
⑥ この問題の解決のためにはどうすればよいか。
⑦ このような問題は防ぐことができるのか。

⑧チーム学校の面からは、どう考えればよいのか。

学校の中に「悪しきヒエラルキー」がないでしょうか。例えば、「非常勤∧常勤、生徒∧教師、生徒会活動∧授業、自治∧指導」等々、本質的な課題を立場や役職、給与や待遇で考えてしまうことはありませんか。また、児童・生徒の主体性よりも教師の都合を優先する傾向はありませんか。確かに委員会や部活動の顧問は常勤教師しかなれません。そして、児童・生徒は時に未熟な判断で教員の指導に反抗します。しかし、そのことによって本来機能すべき本質的な教育行為が行われなかったり、児童・生徒の成長が阻害されたりすることはないのでしょうか。

経営者がベクトルを明確に示す

他の学校経営課題と同じで、チーム学校の責任者も当然校長であり、教頭や副校長も経営責任を果たすために適切な方向性（ベクトル）を示し、教職員を指導する義務と責任があります。

【コミュニケーション・ストラテジー】

❶ 教職員の能力を開花させ、学校力を高める

学校には様々な立場や役割の人がいます。しかし、その処遇や待遇はそれぞれに異なり、必ずしも能力が十分発揮されていない人がいます。つまり立場や役割と教育的機能や対応がアンバランスな場合もまま見られます。人はとかく立場や役割を重視し、それを最優先で考えますが、それで本当に教育的な配慮や児童・生徒の成長の促進につながるのでしょうか。このことを経営者はきちんと見定める必要があります。

この事例では、読書活動や図書館教育に見識のない国語科教員（情けない限りですが、けっこう存在します）が図書委員の生徒や学校司書と対立しています。専門的な見地から考えれば、個人情報の扱い[1]について厳密に考えるあまり、貸出などの学校図書館業務が滞ってしまう現実を無視しているわけです。やる気のある図書委員の生徒や見識ある司書の方向性の方が、委員会顧問の教師の意見より望ましいとわかりながら、校長や副校長がこれをどう判断するかにより、その後の学校力に影響してきます。

経営者として、職層の立場や役割に左右されず、児童・生徒の意欲や学校力を高めるベクトル（方向性）をきちんと示せるかどうかが問われます。

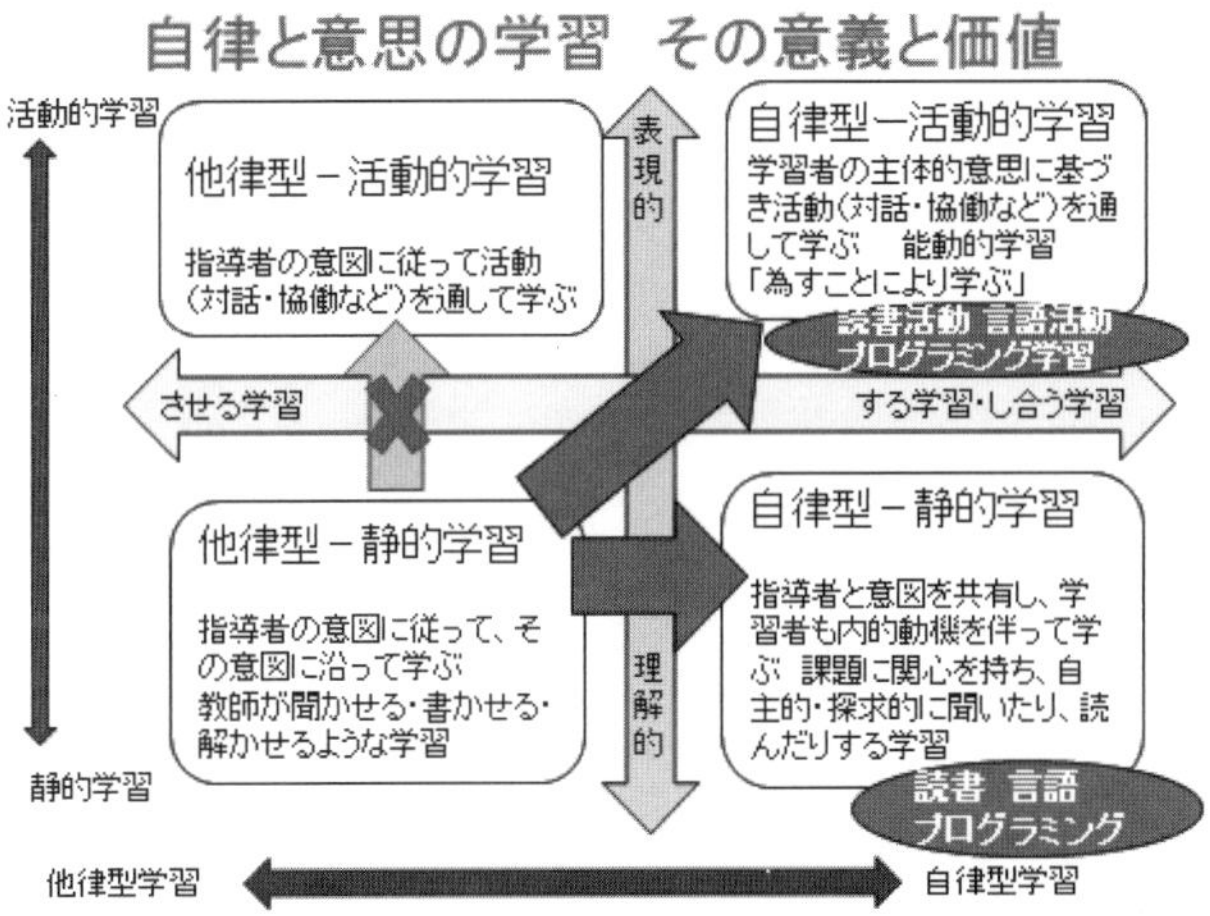

❷ 主体的・対話的で深い学びを促す

読書や読書活動は実に主体的な学びです。いわゆるアクティブ・ラーニングの視点に立つ学習が求められるのですが、これは新学習指導要領の中ではより具体的に「主体的・対話的で深い学び」と示されています。読書や読書活動の推進はこれからの学習の中核に位置づけるべきものです[2]。どのような学校でも、たとえＩＣＴによる教育環境[3]が十分整っていない場合でも、学校図書館があり、そこを学びの拠点とすることができます。学校図書館の積極的な活用により授業改善が図れるとともに、読書や読書活動の推進こそ未来の学びの鍵であると強く主張したいところです。学校司書の活用により、主体的・対話的で深い学びに向かう児童・生徒を育てることができ、探求的な学びを推進することができます。

前頁上段の図は私が考える自律と意思の学習としての読書と読書活動、言語と言語活動、プログラミングとプログラミング学習の意義と価値を示したものです。他律型－静的な学習を自律型－活動的な学習にするばかりではなく、自律型－静的な学習にすることも、主体的な学びにつながります。読書や言語、プログラミングはこの自律型－静的な学習であり、生涯の学びにつながるものです。

❸ 自治的な集団を育てる

教師はとかく従順な児童・生徒に好意的です。それは「教える」ことに伴う従属性を期待しているからとも言えます。自主・自立より指導ということです。しかし、本来の学びはむしろ既存の考え方に対し批判的・自立的なものであることが多いのではないでしょうか。前提を疑い、新たな理論や内容を生み出すことが必要です。

今後の方向として、少数者の多様な意見にきちんと耳を傾け、自分としての「最適解」を追求する児童・生徒が求められます。これまで、特別活動としての学級会や委員会の活動、放課後の部活動などにより育まれるものとされた感性や意欲、共感性など非認知的な能力を教育課程の中でも育む方向が求められつつあります。学校の方向として、むしろ自らの考えをはっきりと述べることのできる児童・生徒を意識的に育てることが必要な時代ではないでしょうか。

日々の課題を乗り越え、成長する学校

学校には常に多くの課題が存在します。また、複雑に変化する社会の中で、学校の抱える課題は減ることがありません。しかし、だからこそ、どのような課題に対してもあきらめず、投げ出さない学校の方向性が必要なのではないでしょうか。極論すれば「課題をうまく避ける方法」はないということです。

だから、思いもよらない課題が起こった場合、むしろそのピンチをチャンスととらえる意識が必要だと考えます。これからの時代に求められる教育は、現状を認識する中で生じる様々な課題や問題に対し、自ら試行錯誤し、多様な価値観をもつ人々と共生して、それぞれの主体性を育む教育なのです。

注

（1）公益社団法人全国学校図書館協議会（SLA）プライバシーポリシー　下記HP参照 http://www.j-sla.or.jp/privacy/

なお、詳細については、新保史生「図書館における改正個人情報保護法対応の要配慮事項」『情報の科学と技術（特集：個人情報の活用と保護）』国立研究開発法人科学技術振興機構66巻11

号、２０１６年、５６０―５６５頁参照。なおこの論文はJ-STAGEのＨＰからＰＤＦで閲覧できるので、ぜひお読みいただきたい。https://www.jstage.jst.go.jp/article/jkg/66/11/66_560/_pdf

（２）小中学校読書活動研究会著、吉田和夫・稲井達也編著『これならできる！　楽しい読書活動――アニマシオン、ビブリオバトル、ブックトークなど気軽に実践するための事例集』、学事出版、２０１５年。http://www.gakuji.co.jp/book/978-4-7619-2111-8.html に内容あり。また、同著・同編著『図書を活用した楽しい学習活動〈小学校編〉――探究的な学びを促す教科別事例集』学事出版、２０１７年（http://www.gakuji.co.jp/book/978-4-7619-2328-0.html）の内容を参照されたい。

（３）ＩＣＴ教育環境の遅れは日本では極めて大きな課題であるが、実物投影機などを用いたプレゼンテーションが、プレゼンテーションソフトを用いたそれより効果的であるということもある。ＩＣＴ教育については、21世紀カリキュラム研究会「ＩＣＴを授業改善につなげる」（拙稿）特集「授業改善が学校を変える第８回」『月刊プリンシパル』２０１５年１月号参照。

7　多忙な教師をおそう「うつ病」への対応

ますます多忙化する学校の陰で

教員の多忙は今に始まったことではありません。教師の仕事はやればやるほどきりがないのも昔からです。だから、まじめな教師ほど、授業準備や教材教具の開発、児童・生徒理解に多くの時間を費やし、私生活を犠牲にしてしまうこともよくあります。さらに近年は、課題のある児童・生徒への対応はもちろんのこと、保護者や地域への対応や配慮、授業以外の事務処理などの仕事が年々増加し、その業務負担に苦しむ教師が少なくないのが現状です。

予想を超えた多くの困難な問題が次々と生じ、少し休みたいけれど休めない状況が長く続けば、精神的に疲弊し、身体も動かなくなってしまうこともあります。「うつ病」の兆候です。

事例7 前任校での「うつ」を知らされず転任

4月に転任した国語の教員。前任校では、教頭を務めた人で、教科の指導力もあるとの報告が、前任校の校長の人事異動カードに記載されていた。

それにしても、どうして教頭を辞めたのかと思い、本人に尋ねると「教科経営に力を注ぎたい」という返事だった。確認のため前任校の校長に電話すると、すでに校長は退職し、別の校長が着任していた。そこで、現教頭に話を聞くと、どうも当時の校長とうまくいかず、教頭の職務にも不適応を起こし、長く休職してから自ら降格を希望したらしい。また、教諭に降格してからも休むことが多く、「うつ病」の診断で昨年数か月休んだことがわかった。

全く聞いていない話に驚き、病気であれば異動はできないはずだと思ったものの、とりあえず様子を見ることにした。すると5月の連休明けから休みが続き、6月に「うつ病」の診断書が提示された。今後の対応について校長として頭を抱えている。

前任校校長は責任をもって当該の教員に対応せず、「うつ病」という非常事態に対して異動という手段によって当該教員を学校現場から排除したのでした。そのような教員を迎え入れた現任校の校長の対応の方針や対策はどうするか、今回はそれを考えます。

双方向的な対話による課題解決

ある事態や課題に対して誠実かつ真摯に正対して対応すること、これがコミュニケーションの基本であり王道です。この事例では次のようなコミュニケーション・ストラテジーを用います。

【コミュニケーション・ストラテジー】

❶ 当該の教員と直接話をする。可能なら副校長なども交えて複数で対応する

誤解や「言った、言わない」などの行き違い、拡大解釈などを防ぐためです。また、必要に応じて録音や記録を取ることを了承させます。これはのちに重要になります。

❷ 本人の休みや休職に関する学校としての問題などをできるだけ客観的に指摘する

場合によっては、本人だけでなく、家族（配偶者など）にもきちんと説明します。短期の休みでは後補充要員が受けられないことなども率直に話します。

❸ 周りへの影響とその対応が必要なことを理解してもらう

本人の側に立った共感や同情はもちろん必要ですが、実際に生じる児童・生徒への影響、保護者や地域への対応、学校としての説明責任などにも学校として対応が必要だということを理解してもらいます。

❹ 教師という仕事に縛りつけない

「べき論」や「建前」だけで人を説得することはできません。まして「教師として」という意識を強調しすぎると、かえってその呪縛から逃れられなくなります。人としてどうか、より人間的な在り方はどうかなど、哲学的・心理的かつ対話的な内容や話し方が必要です。

❺ 「うつ病」を引き起こした原因や状況が残る現職場に戻ることは最も難しいことを伝える

その意味で「異動」は一定程度効果がありますが、実態を隠して異動させるのは受け入れ側への道義に反します。また、原因を追及しても、その時に適切に対応できなかったのだから意味がないとも考えられます。

このようなスタンス・方向性で本人に正対して何度か話をすることが望ましいのです。丁寧に正対すれば、こちらのもつ問題意識などを十分共有することが可能です。もし本人がそれに対応できないなら、家族に同様の話をします。

要は双方向的な対話により、「うつ病」問題を課題としてとらえ、それを解決するという姿勢が両者に必要であるということです。

児童・生徒のために、直言をあえて語る

とは言うものの、学校の代表である校長としては、児童・生徒への影響をまず考える必要があります。例えば、後補充の教師が雇用できないような短期間の断続的な休み方は児童・生徒に多大な迷惑をかけ、保護者や地域への責任も果たせないことになります。このような申し出については、「断固認められない」と毅然と拒否すべきです。こういう学校全体の問題と教師やその家族の生活とを天秤にかけることはできません。教師の生活のために児童・生徒に対する責任を放棄し、教育環境を混乱させることは絶対にしてはならないことです。

同時に、「教師としての在り方」に課題があるなら、それはその人にとって「教師の在り方」より「人間としての生き方」を優先する方向に人生の舵を切るべきであるということになります。「教師として児童・生徒のためにならない、いい加減な生き方」ではなく、「自分自身に素直になり、より人間らしく生きること」の方がよほど立派なことだと思うのです。

「うつ」からの離脱は実はとても難しい課題です。無理をせずに自分らしく、自分がで

きることを行い、自分のできないことは人に委ね任せていくという発想が「うつ」を克服する本当の戦略であると思います。それができなければ、もはや教師を続けることが難しいということです。他の職業でも言えることですが、「職業から離れられない」という呪縛から離脱すること、それが時に自分、そして他の人々を本当に守ることになるということをしっかりと伝えることが必要なのではないでしょうか。

第3章

児童・生徒とのコミュニケーションがうまくいく方法

1 児童会・生徒会・委員会役員などとの対話

いかに児童・生徒のやる気を引き出すか

学校の「ステークホルダー」（「利害関係者」とは嫌な訳ですね。むしろ「当事者」がよさそうです）として、保護者や地域の人々の存在が強調されますが、むしろ学校にいる教職員や児童・生徒こそまさに一番の「当事者」ではないでしょうか。その人たちとの対話を通して、どれだけ児童・生徒を学校参画に動かしその気にさせることができるか、教員である以上、それをきちんと考えるべきです。そして校長こそは最もその役目を担うべき存在だと考えています。

そこで、児童・生徒の代表である児童会・生徒会そして各種委員会の役員へのコミュニケーション・ストラテジーについて考えてみましょう。

事例8

生徒の自主性・自律性を生かした学校づくり

A校長が4月から勤務しているP中学校では市の教育方針である学校選択制に伴い、入学者が減少する傾向があった。それは、学校選択制により競合する他の中学校が地域に3校ほどあるからだ。世間が注目する民間人校長が教育委員会の支援を受け、大胆な特色ある学校づくりを進め、私立中学校受験者の受け皿となり入学者を大幅に増やしているほか、駅に近く利便性の良い中学校や広い敷地などの恵まれた環境の中学校などもあり、近隣の中学校に入学予定者が動き、これまであまり特色を打ち出せなかったP中学校の入学者が減っているのである。

生徒数が減ると当然教員の定数も減り、部活動のみならず日常的な教育活動に様々な支障が出る。そこで、A校長は同時着任したB教頭とともに、この問題に対応するため独自の「特色ある学校づくり」を検討することにした。

そして、他の中学校と異なる学校づくりのため、支援者である地域の人々と相談し、生徒の自主的・自律的な活動に重きを置いた教育活動を展開することになる。そのために何をするべきか、夏季休業後の9月から来年度に向け、本格的な戦略会議を開催し、検討していったのである。

この中学校の戦略について、最初に触れておきましょう。

まず、学校選択制の中で、むしろ地域の特色を生かし、地域の人々と手を携えることで、地域とともにある学校をつくろうとしたこと。これは、この地域が古くからある大きな神社の影響下にあり、様々な人がその神社の氏子であるということが影響しています。地域の特色をうまく生かした戦略と言えます。

そして次に、生徒の自主性や自律性に着目したことです。多くの学校の方向性として、校長のトップダウン型による教育改革や教育課程編成、放課後対策での特色ある学校づくり推進などに向かう中で、P中学校はあえて生徒の自主性や自律性に着目し、それを学校改革の中核として据えたわけです。

そしてこの実現のためには、後に述べる二つのコミュニケーション・ストラテジーが必要となりました。

児童・生徒へのエンパワーメントの強化

人はどのような時に元気になるのでしょうか。それは、自分自身が認められ、自分のやったことが一定の成果を得て、何らかの形で周りの社会に還元される時ではないでしょうか。学校経営にもこのようなエンパワーメントの力を活用することで、これまでできなかったことを実現させるという考え方をP中学校は取り始めたのです。それは、近隣の他の中学校とは少し異なる学校経営となりました。

このエンパワーメントの強化にあたっては二つの方向を戦略（ストラテジー）として位置づけました。それは、最初からそのように意図したものではなく、まさにその方向に動きながら様々な試行錯誤を経て、少しずつ確立していったものです。

具体的には、次のような方法です。

【コミュニケーション・ストラテジー】

❶悩みや弱みを共有する

生徒が減ることは校長や管理職の責任かもしれません（地域状況などもあり、そうでないかもしれません）が、いずれにしても、それに対応するのが校長や管理職の仕事です。しかし、「生徒が減ってしまいました。ごめんなさい」ではすまされません。そのことを保護者にも、地域にも、そして生徒にも勇気をもって正直に話し、どうすればよいかについて、ともに考えてもらうことにしたのです。

❷「戦略」を皆で話し合い、一緒に立てて実行する

すると、これまで学校の責任を追及したりまかせきりだったりした人たちが、「しかたがない。それでは頑張ろうか」と言ってくれるようになったのです。これは、保護者や地域だけではありません。なんと生徒たちが自ら地域の小学校に出向いて学校の特色などを語り始めたのです。また、特に生徒会組織（ここには生徒会役員の他、各委員会の三役などが参加しています）が小学校の児童会と連携して学校説明会を各小学校で開催するなど、これまでなかったような活動を展開し始めました。そして、これが保護者への働きかけにつながりました。子どもたちがやっているから我々も、となったのです。

これらの動きは経営層が依頼したものではなく、ただ正直に現状を語り、訴えかけた結果、起こったものです。ただ、とても粘り強く訴えていきました。

後になって私はこのような動きの中にあるエンパワーメント（権限委譲）の機能と役割について、改めて強く認識するようになりました。それは大人にも子どもにも共通する「自と意の学び」ということです。自ら意思をもって学ぶことは、自ら判断し、自らの意思で行為することにつながります。これは大人も子どもも同じです。

キャリア教育とライフ・マネジメント教育

保護者・地域、そして生徒とのコミュニケーション・ストラテジーを推進する上で、私たちは併せてその学校独自のコンテンツ（内容）開発にも力を注ぎました。それが当時、まだあまり一般的ではなかった職場体験を中核としたプロジェクト型のキャリア教育プログラムの開発でした。

この方向に進んだのは、当時まだ若かった一人の理科教師の発想と着眼を高く評価したからです。進路指導主任に抜擢したことで彼は自らの力を十二分に発揮しました。これが、教師へのエンパワーメントの具体的な例です。そして、このキャリア教育は教育委員会からも高く評価され、その地区全体のモデル・プログラムとなり、その後の私の学校経営（そして人生）にも大きく影響しました。

私は後にこのキャリア教育をさらに進化させ、校長として全校でライフ・マネジメント（生涯生活経営）教育に取り組み、大きな成果を上げました。現在では、このライフ・マネジメントを生涯学習との関係の中で、すべての学習者の方向性として、新たに位置づけ推進しています。

コミュニケーション・ストラテジーは単に形式ではなく、コンテンツ（内容）をきちんと打ち出す方向性が必要です。そして、それを目指すことが大切なのだと考えています。

2　不登校やいじめ被害の児童・生徒への対応

全校的な対応が必要

不登校やいじめ被害の児童・生徒には様々な配慮が必要です。チーム学校としての対応はもちろんのこと、校長としてこれらの児童・生徒にどのように接するか、どのような言葉かけが可能かについて、事例を踏まえて考えてみましょう。

事例9　いじめが原因の不登校

B校長が勤務する中学校は、8月25日に2学期が始まる。授業時数確保のためである。その夏季休業開けの始業式、登校する生徒の中に2年生Cさんの姿はなかった。彼女が在籍する2学年のクラスで6月に発生した女子の人間関係によるちょっとしたいさかいは、Cさんへの軽い嫌がらせにつながった。学級担任の初期対応により、

7月にはほぼ収束したかに見え、夏季休業中の関係修復にも期待したが、事態は良くなるどころか嫌がらせは部活動にも広がり、Cさんの居場所を奪うことになった。

　いじめによる不登校の疑いがあることから、保護者への対応も含め、学年全体で問題を検討する必要がある。また、部活動も関係していることから、校長として全校的な取組も必要であり、いずれにしても早急な対応が強く求められた。


　小さな人間関係のトラブルが大きな事件に発展することがあります。特に中学生にとって、友達との関係は時に親子関係以上に大きな存在です。ですので、そのような状況の中で、学校としてどのように生徒自身を支えていくか、校長としての力量が問われるところです。

各層によるプロジェクト型の対応

　まず、課題に対する基本的なスタンスを明確にしましょう。一つの課題に対して、それぞれの「層」によってより良い対応を検討するということです。そのためには全校的な対応が不可欠ですので、そのベクトル（方向性）を校長がきちんと示すことが必要です。

　担任、副担任、学年主任、生徒指導主任、副校長（教頭）そして校長、さらにスクールカウンセラーは、それぞれの対応を考えるとともに、その情報を共有する必要があります。今回の事例の場合は、該当する部活動顧問の役割も大きいと思われます。一つの課題（この場合は、いじめによる不登校になりそうな女子生徒への対応）に対して、それぞれの「層」からのプロジェクト型のアプローチが必要となります。

担任：該当生徒と保護者への対応及び学級担任としての学級経営「いじめのない学級づくり」の取組

副担任：担任を支え、特に生徒との人間関係を調整

学年主任：「いじめ」のない学年集団をつくる学年経営への対応（行事や学年道徳、学年特別活動等）

生徒指導主任：人権及び道徳的価値・社会性に基づく全校的な指導の強化。また、特別活動の一貫としての部活動への対応力強化

副校長：教職員の関係調整と生活指導部の強化。各保護者に対する必要な対応と連絡調整

校長：全体のベクトル（方向性）の指示。必要な教職員、保護者、生徒への対応。教育委員会対応

スクールカウンセラー：当該の生徒・保護者への対応（生徒や保護者との面談・家庭訪問

等）

部活動顧問：部活動内のルール・マナー・モラルの徹底。課題の発見力・対応力・チーム力の強化

その他、当該生徒及び関係生徒、その保護者などと比較的関係がある教職員（1学年での担任など、信頼されている者）がいる場合には、個別的な対応を検討させることも必要かつ効果的です。このように、それぞれの役割を明確にしながら、プロジェクト型の対応を図ることが必要であり、これは管理職の責任において実施すべきことです。

各層に共通する「戦略」（ストラテジー）

以上のように、それぞれの「層」（立場や役割）によって、対応のスタンスや内容は異なりますが、その際でもそれぞれに共通する「戦略」（ストラテジー）があります。前項の問題行動への対応策も振り返りながら、次の点に注意してください。

【コミュニケーション・ストラテジー】

❶ どのような場合も相手の気持ちへの共感を示す

ただし、相手の感情にはけっして流されないことです（怒りや悲しみなどの感情に理解

を示すが、自身はけっして感情的になってはいけない）。特に、「寄り添う」担任にとって、感情のコントロールは実に難しいが最も大切です。

❷ 相手の話をよく聞き、相手の意図や思い、行為を理解する

なぜ、そのような行動・言動・感情となったのか、背景となる状況や原因などをしっかりと把握し、どのような立場の相手に対しても、相互の共通理解を深めることが大切です。

❸ 行為や考え方などをほめる時は皆の前で、叱る時は個別に行う

行為の結果や過ちを叱るときは、静かに別の場所で、一人よりも複数で、行った行為や言動について、社会的な判断をきちんと示しながら話すことが必要です。

❹ 一人の教師が感情的になったり、叱ったりすることがあっても、別の教師がその意味や意義を説明しフォローする

行った行為や言動に対して、なぜ、感情的になるのか、行った行為が周りの人にどのように影響するのかなど、身近な友人、学級・学年の仲間、家族や地域社会、自分の人生などと関連づけ、影響についてわかりやすく、明確に示します。

❺ それぞれの立場や役割を踏まえて話をする

可能なら、それぞれの立場やスタンスをもつ多様な関係者（生徒や保護者や地域の方々）の中で、それぞれの立場や役割を踏まえて話をすることが、生徒の社会的認識を深める意味で大切です。

❻ 事前に誰がメインで対応するのかを明確にしておく

生活指導の場合も、どのような内容なら校長・副校長・生活指導主任など、学校全体の問題として対応するのかを具体的に決め、一定程度、生徒とも共有しておくことです。「校長は最後の砦」です。

❼ 今後のことについて決断させ、その背中を押す

教育的な指導は、単にやったことを説諭するだけでなく、「今後のことについて決断させ、その背中を押す」ことが最も大切です。保護者・地域の方・校長・副校長など様々な立場を生かしながら、生徒に今後のことを考えさせることが必要です。

❽ 校長や副校長（教頭）など経営層の役割を自覚する

これらの対応を明確に決め、その方向性を示し、相互の共有を図るのは、校長あるいは副校長（教頭）など経営層の仕事であることをしっかり自覚します。

なお、このような課題へのプロジェクト型取組については、事例をもとに研修会などで効果的に学ぶことが可能です。これにより様々な事例を想定しつつ、それぞれの層の立場や役割、その効果的な機能を相互に学ぶことができると思います。

3　課題のある児童・生徒への対応

暴力やいじめなどへの対応

最近はかつて多くの学校を悩ませたようなエネルギーがあり余る暴力的な生徒は減少しているようです。しかし、器物破損や同学年あるいは下位学年の児童・生徒への暴力やいじめ、そして対教師への暴力や嫌がらせなど、必ずしも根絶されているわけではありません。それらはなかなか表には出ず、ＳＮＳなどを含め隠蔽された形で見えないところで行われているのです。

昔からあったいわゆる「弱い者いじめ」も、表立って現れることなく、ＳＮＳなどのネットワークの中に封じ込められていると感じます。教師が把握できていない場面や状況の中でいじめやハラスメントが進行しており、その中で苦しむ児童・生徒がいるだけではなく、加害者の児童・生徒も大きな課題を抱えています。今回はそういう事例です。

事例10

次第に欠席が増えていく生徒

Q中学校2学年所属のE教諭は近頃学級の雰囲気がどうも変だと感じている。具体的に指摘できることではないが、生徒が妙に大人しく、萎縮しているように感じる。そんな矢先に、男子生徒Dが学校を休み始めた。最初は風邪をこじらせて熱があるとか、腹痛だとかと保護者から電話連絡があったが、連絡なしで休むことが多くなった。Dの保護者は共働きで忙しく、本人の言うことをそのまま学校に伝えているようで、体調不良など欠席理由についてもよくわからないとのことであった。

3日以上連続して休むことはなかったため、体が弱いのだろうと思っていたが、そのうちとうとう不登校になってしまった。Dの友人数人に話を聞くと、どうも男子生徒Fの影響があるのかもしれないという話になった。Fの父は市議会議員であり、F自身も学力が高く、比較的人望がある。いや、人望があるというより存在感が強いという感じで、例えばI学期の運動会実行委員としてFの指導力や影響力は大きく、それにより学級が一丸となって取り組むことで、学年優勝も果たすことができた。

欠席の報告をE教諭から受けたG校長は、かつて遠い昔に自分が経験した事件を思い出した。

背後の関係性に着目した対応

まず、E教諭の学級の状況を検討してみましょう。E教諭が感じた「何となく変だ」という感覚は、必ずしも論理的ではないですが、実は極めて本質的な問題の指摘を含んでいました。

校長が感じたように、今回の状況の裏には実は次のようなことがあったのです。

【状況の分析・把握】

① E教諭の学級には「影の担任」がいた。それがFだったのである。Fはクラスのヘゲモニー（主導権）を握っており、時に担任以上の統治力を発揮していた。

② その影響力は1年の時から、いやもっと前からあった。父親が市議会議員ということもあるが、彼自身、学力もあって、生徒たちは小学校の頃からFに一目置いていた。

③ 状況が変わったのは、運動会の頃からだった。Dはもともと体力がなく、運動会の朝練習にもついていけないことがあった。朝練習は担任が命じたのではなく、自主的に行われたものであったが、その背後には実行委員としてのFの指示や指導があった。Dはそれについていけなかった。

④Ｆは運動会に関する取組を高めるため、ＳＮＳを活用したネットワークを作った。これにスマートフォンをもつ生徒は全員入っており、それに参加できない生徒はＦがその内容を簡単に伝えていた。Ｄもこのネットワークに入っていた。
⑤Ｄは度々朝の自主練を休むことになり、運動会で盛り上がるＦや他の学級の生徒から様々な書き込みをされ、それが苦になり休むことが増えた。
⑥Ｄに対するハラスメントがあったが、Ｆの意欲と学級の雰囲気から、運動会への取組は学級としての最重要事項となっており、その勢いは誰も止められなかった。
⑦Ｆは責任感が強く、また両親の期待も大きかったことから、実行委員としての責任を果たし、学級を優勝させることに努力していた。もちろん、朝練習のことや学級のことなど、両親にも話していた。
⑧そして、運動会で優勝したことからＦのヘゲモニーは一層強まり、ほとんど絶対的な権力を得るに至った。もはや担任であるＥ教諭の学級ではなく、Ｆの指導や方向性に従うＦの学級となったのである。
⑨Ｄは学級になじめなくなり、休むことになるが、それについて、夏休み中、多くの友人からも批判され、ついにネットワークからも排除された。

G校長の経験した事件は、SNSのネットワークなどないはるか昔のことでしたが、同じように影響力のある生徒がいつしか担任を乗り越えてクラスを支配し、それに従わない生徒に暴力を振るった事件を思い出しました。それは、実はG校長の高校時代の同級生のことでした。この事件の裏にもその生徒にまつわる大きな闇があったのです。

児童・生徒の支援と保護者、そしてSNS

G校長が経験した同級生の闇とは何でしょうか。それは、その生徒の家庭状況にありました。父親がやはり市議会議員で議長職まで務めた実績から市長にも推されるほどの人でした。そして、その妻である同級生の母は、夫の影響だけでなく、一人息子を育てる責任感から、かなり強く息子に指導していたのです。両親への反発というより、両親の期待に応えることへの重圧から、彼は強いストレスを日常的に感じ、それを学級の「弱い生徒」にぶつけていたのです。後になって、その話を同級生から涙ながらに聞いた記憶がG校長によみがえったのです。

では、この事例の問題点を踏まえ、今後の対応を検討してみましょう。

【コミュニケーション・ストラテジー】

❶ 該当の児童・生徒と十分に話し合う

Ｅ教諭はＤ及びその保護者と早い時期に二者ないし三者による面談を行うべきでした。たとえその場で欠席の理由がわからなくても、Ｅ教諭が感じた学級の違和感について、きちんと考えることができたかもしれません。

❷ 欠席に関する認識を深める

長期欠席は３日以上の欠席から始まると言われます。それは正しい理解ですが、実はむしろ２日程度の欠席が度々あること、特に月曜日にそのようなことが増えている場合は、生徒の心身の状況の変化を感じ取る感性が必要です。また、このことについて、日頃から校長や教頭（副校長）が教員を指導することが求められます。

❸ 事例の裏には児童・生徒がおり、その裏には常に保護者や家庭の状況がある

学校や教育委員会は必ずしも保護者や家庭の状況についてすべて把握することはできませんが、それでも児童・生徒の背後にある保護者や家庭の状況について常に意識する必要があります。

筆者は大学で教鞭をとっていますが、保護者対応の教職演習を行ったことがあります。その際、保護者対応だけで15回の授業などとても難しいのではないかと当初思ったのです

が、始めてみると様々な学校問題の背後には必ず保護者や家庭の問題があるということが改めてわかりました。つまり、児童・生徒のすべての課題の背後には何らかの形で保護者や家庭の状況が関与しているという認識が必要なのです。

❹ SNSやネットの世界は現実の世界とつながる

SNSやネットの世界を「仮想空間」であると考える方が多いでしょう。それはそうなのですが、実はその仮想空間が現実の世界と大きくつながっているという認識が必要です。「SNSの発展に伴いコミュニケーション力が低下する」とよく言われますが、実はSNSやネット上においても一定のコミュニケーション力が必要であり、それを発信する際のみならず受け止めることについてもそれなりのコミュニケーションが行われているという認識が不可欠な時代です。SNSによって対面的・直接的なコミュニケーション力は下がるかもしれませんが、ネット上のコミュニケーションは時に現実世界以上の大きな力をもちます。

そこで、いわゆる「リテラシー」（読み書きの力、情報発信や受容に関する知識や技能）が必要であり、それを指導することも学校の役割となりつつあります。このリテラシーには、スキルなどの面もありますが、ルールやマナー、そしてモラルの面も大きいのです。この事例にあるようなSNS上のコミュニケーションが直接現実の学校生活に影響

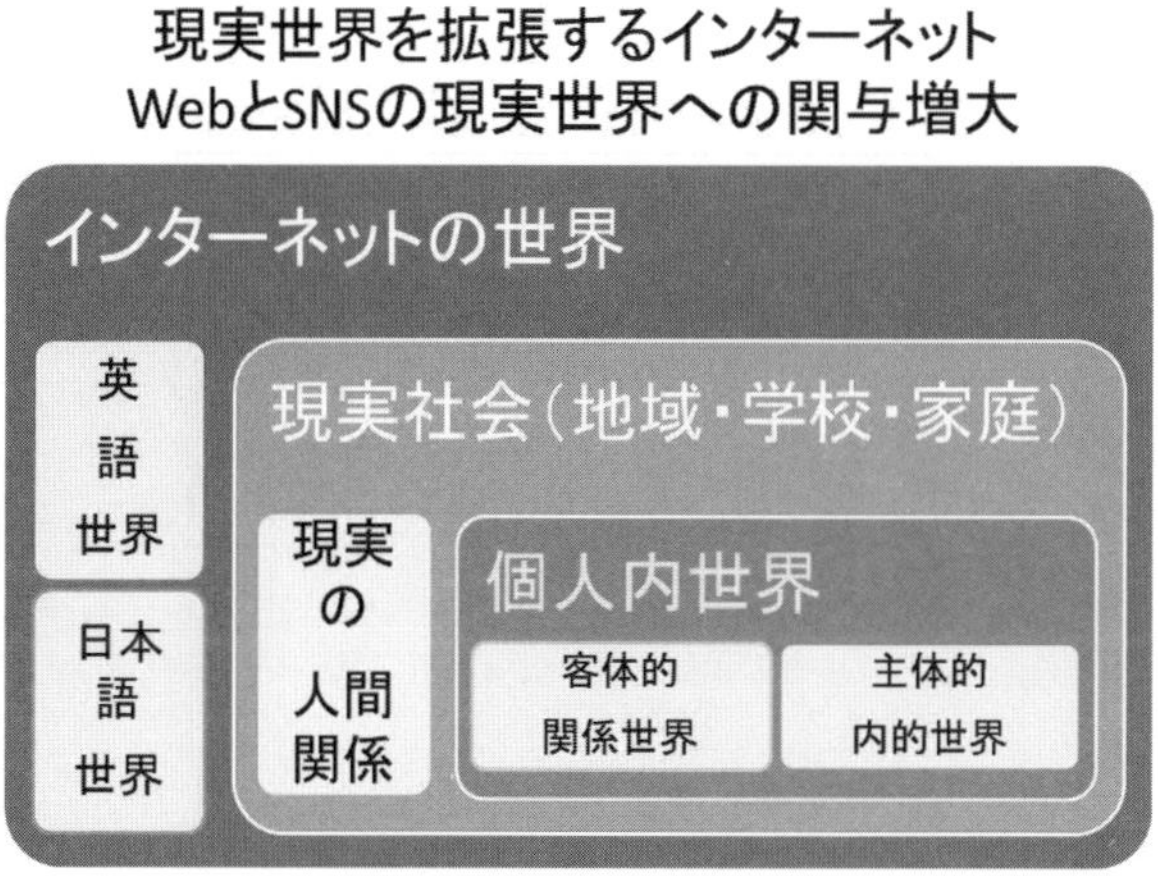

することも大いに考えられます。

❺ 生徒の状況にはそれなりの原因がある

事例の生徒Dにしても、ハラスメントを行ったFにしても、そしてそれを見過ごし仕方がないと感じる多くの児童・生徒たちにも、それなりの「原因・理由」があります。推理小説ではないですが、それをひも解くいくつかのキーを直観的に把握すること、それは教員としての大きな資質です。いじめの把握をアンケートに頼るようでは教師として力不足です。アンケートは状況把握のための一要因にしかすぎないのですから。

長期的な見通しを含む人間関係の改善

児童・生徒の社会は大人の社会の縮図でもあります。現在、SNSによる様々なコミュニケーション上のトラブルが発生しています。しかし、これも当たり前のことですが、現実の世界を反映しているのです。ただ、それがこれまで以上に見えにくくなり、現実の学校生活の中で生じることとのつながりが大きくなっている、これは大人の社会でも同様です。

携帯電話やスマートフォンの持ち込みを禁止する中学校が多いのですが、実は小学校では児童の安全上、授業中に見ないことを前提に消極的ではあっても認める学校が増えています。そこには保護者の要望もあります。また、高校においてはスマートフォンを積極的に授業に取り入れている学校も増えています。むしろ、授業で調べ学習をさせる際に、それを積極的に使わざるを得ないネットワークや教育設備の不備のほうが問題となっています。

長期的展望に立った時、児童・生徒を取り巻く様々な環境をしっかりと見つめ、その上に立って教師と児童・生徒との適切な関係を築くための努力をしなければならない時代だと強く感じます。

4 特別な支援を要する児童・生徒への対応

一人ひとりのニーズに合わせた対応

学校現場を悩ませる大きな課題に、いわゆる特別な支援を要する児童・生徒への対応があります。以前は、学級や教科の担任だけが対応しており、保護者や児童・生徒もある意味で「しかたがない」と思い、何かと我慢していたということもあったのではないかと思います。

ところが、学校で一人ひとりのニーズに合わせた対応が求められる中で、保護者が申請すれば、介助員を配置することができるようになりました。それ自体は良いことですが、保護者もそれを期待し、児童・生徒もそれが「普通」と考えることで、かえって学級や授業の中で担当者が様々な点に配慮せざるを得なくなりました。介助員への対応で複雑な人間関係が生じることもあります。

今回はそんな事例です。

事例11　介助が必要な2人の児童

R小学校で5年の担任となったH教諭（女性）はクラスに特別な支援を必要とする児童二人がいることを4年時担任のJ教諭（男性）から引き継いだ。年度末の引き継ぎである程度は把握していたものの、実際に接してみると、一人の男子児童（K君）は情緒的に不安定でかなり配慮が必要なため、20代の男性介助員Lさんを配置することになった。もう一人の女子児童（Mさん）は比較的安定しているが、保護者の強い希望で30代の女性介助員Nさんをお願いすることになったのである。

6月中旬のある日、事件が起こった。K君が自分のやりたいことをなかなか認めてくれないLさんに腹を立て暴れ出した。止めようとした担任のH教諭にも暴力を振るおうとしたため、他の教員に頼み教頭が別室指導をした。そんな雰囲気の中、Mさんがクラスで泣き出し、介助員のNさんがなだめてもパニックを起こしそうになった。

実は、K君の4年時の介助員はNさんであり、彼女はMさんの介助もあわせて行っていた。それもあって、K君は現在の介助員Lさんに不満で、Mさんをうらやましく思い、MさんもK君にすまないと思っていたのである。

報告を受けた校長は対応に苦慮した。

人間関係を最重視した対応

まず、この事例の状況を考えてみましょう。

特別な支援を要する児童・生徒の指導に際しては、学年末に引き継ぎ、どのような状況であり、誰が担当するのかを学年会で検討します。多くの場合、その場に管理職が入ることはあまりありません。留意すべきことは、小学校の場合など、低学年から中学年へ、そして高学年へと発達段階が変わるに従って対応を変えていくことが必要であるということです。引き継ぎ内容だけではなく、実際の場に応じた対応が必要なのですが、始まってみないとわからないということも実際には多いものです。

今回の状況を整理すると次のようになります。

【状況の分析・把握】

① 特別な支援を要するK君とMさんについて、事前に介助員の状況なども含め、もっと知っておく必要があった。これは、保護者からの聞き取りなどでもわかるはずだった。しかし、J教諭とH教諭にその考えがなかったのは、そのようなベクトルを学校が提供していなかったからではないか。

②学齢が上がるにつれ、児童の人間関係に関する把握の仕方や質も変わる。5年生になるのだから、本人たちの気持ちや意向をもっと把握することが必要なのではないか。

③かつて生活指導が大変だった頃、問題のある児童・生徒を異なる学級に振り分け、人間関係を調整していたことがあった。しかし、単学級学年などが増えている現在では、そのような手立ては使えない。よって、介助員などを配置するのだが、この時、相互の相性や人間関係などを検討すべきではないか。

④暴れたことや暴力を振るおうとしたことの裏にある児童の心情、泣いたりパニックを起こしたりした児童の思いなど、だれがどのように受け止めればいいのか。そしてその方略はあるのだろうか。

⑤担任と介助員の情報交換や日常的な対応の検討はどこまで行われているのだろうか。その時間や機会、カウンセラーも含めてそれを生み出す人間関係はあったのだろうか。

⑥チーム学校の中に介助員など非常勤の教職員との関係や交流がどの程度意識されているのか。

かつて中学校を中心に生活指導困難校が増え、その対応に苦慮した学校や教員が多かった時期がありました。筆者もその一人でその時に感じたことですが、単に問題行動を力で押さえ込むだけの指導では本質的な問題解決にはならないのです。実は児童・生徒の問題行動や悪しき人間関係の形成に、学校の在り方や学年・学級経営、そして教師の人間関係や対応の仕方が大きく影響しているのです。

現在、児童・生徒の能力や可能性を可能な限り引き出すことが求められていますが、そのためには、一人ひとりの児童・生徒とその保護者、関係している多くの教職員（非常勤講師や介助員、嘱託職員なども含む）との人間関係づくりが最も必要なのではないかと思うのです。

人間関係を豊かにする校長のベクトル

渥美清主演「男はつらいよ」は何と48作まで続いた山田洋次監督の映画です。今の校長はあまり見ていないかもしれませんが、実はこの映画から学ぶことは多いのです。

「校長はつらいよ」と度々思う理由は、すべての責任が校長にあるとされるからです。今回の事例も「それは担任や学年教職員の責任だよ」と言いたいところですが、そうはいかないでしょう。学校の最高責任者は常に校長であり、教頭や副校長と相談し、適切な方向性（ベクトル）を示し、教職員を指導することで、保護者や地域の期待に応え、児童・生徒の成長を促すことが校長の本務だからです。

【コミュニケーション・ストラテジー】

❶ 当該の児童・生徒と十分に話し合う

この方向性（ベクトル）がまず必要です。「それは彼ら彼女らには無理」――こう言い切る教員がいますが、それはあまりに児童・生徒、否、人間を馬鹿にしています。すべての人間には「より良くなる」という志向性があると強く信じる者だけが教師になる資格があると思います。その方向性に立って、どうすればよいかを話し合うことを校長がきちんと求め、示していく必要があります。

その方向性に基づき、個別の児童・生徒にどのように対応するかは各教師が決めることですが、その責任は最終的にリーダーである校長が取るということを示します。学校には教職員や介助員など、立場や役割が異なる様々な人がいますが、このベクトルが絶対に必要です。これなくして、どうして「主体的・対話的で深い学び」などできるでしょうか。

❷ 引き継ぎに関するマニュアルを作成する

ここでいうマニュアルとは手続きではなく、様式に則った対応のことです。児童・生徒の個性や特徴を端的にしかもきちんと引き継ぐためには、一定の様式が必要です。生活指導上の問題行動などもそうですが、特別な支援を要する児童・生徒については、自治体によって異なりますが、多かれ少なかれ、小学校入学時からの個別指導計画やカルテに近いものがあるはずです。そしてそこには、保護者の意向や思い、担当した介助員、担任との関係などが記載される必要があります。

また、どのような時に情緒的に不安定になるかなど、事実に基づく記載が必要です。このような様々な要素をマトリックスやグラフィック・オーガナイザーなどの手立てを用いて、全方位的かつ簡潔に記したポートフォリオがあれば、その項目に従って情報を集めたり聞き取ったりすることが可能になります。また、引き継ぐ担任同士や担当する介助員、必要に応じて保護者や関係諸機関等とも可能な限り情報を共有し、留意点や課題などを焦点化しておくことが可能です。

ポートフォリオの一例を次頁に示しておきます。

❸ 事例研究を校内研修で行う

校内研修の工夫・改善が進んでいます。私も国語科の授業や地域とともにある学校経営について、講師として話をすることがありますが、話を一方的に伝え、教職員はただそれを黙って聞いているような研修会にはならないよう努力しています。もっと自分たちで営む研修会が必要だと思っています。「主体的・対話的で深い学び」を指導する教師自身がそのような学びを経験しないで、どうしてそれを指導することができるのかと思うからです。

そこで私は、「事例研究型の校内研修」を強く勧めています。実際にあった事例や例えば今回の事例のような一般的な内容を対象として、少人数で課題や対応、今後の方向などを協議し、個人やグループとしての「最適解」を見つけるものです。これにより、一つの方向が合意形成されるならそれはそれでよいでしょうが、必ずしも一つにまとまらなくとも「自分として行為のための判断の選択肢」が増えることが最も大切なのです。そのような「引き出し」が多くなることで、教師

としての能力向上や力量形成につながります。

双方向による人間関係の深化

教師と児童・生徒との関係を上下関係ととらえる教員がいます。また、校長や教頭などの経営層と主幹・主任教諭との関係、そして一般の教諭と事務主事や用務主事との関係、

さらには専任教職員と非常勤職員との関係など、ヒエラルキーの上下関係でとらえる教職員や保護者、地域の方々もいるようです。しかし、それらは「分業」としての職層であり、単なる縦関係組織としてとらえてはいけないのです。そう考えることによって、組織の分断を招き、児童・生徒への一体的な指導や支援、啓発を損なうことになります。

校長はそのような方向性を極力排除すべく、双方向による人間関係の深化を常に求め、語るべきだと考えます。

5 うつ病の可能性がある児童・生徒への対応

認識が遅れている

かつて「見えない病」の一つと言われたうつ病ですが、昨今の社会の中ではその症状や対応が顕在化しつつあり、企業や組織の人事担当者は「うつ」の問題に正面から取り組み始めています。そして、教育委員会でも教師の「うつ」への対応が少しずつ進みつつあります。しかし、学校の児童・生徒が「うつ」に悩まされていることは必ずしも多くの教師が認識していません。そして、校長や教頭（副校長）など管理職も同様です。しかし、不登校や引きこもりの裏に「うつ」の問題があるかもしれないのです。

引きこもりやふさぎ込み、深刻な落ち込みや自己否定、学級での極めて無表情な顔など、実は「うつ」なのかもしれません。保護者も担任もそれに気づかない、そんな事例を取り上げてみます。

事例12　落ち込むことが多くなった児童

S小学校6年生のT子さんは、夏季休業中の8月に父親を事故で亡くした。がんばり屋で成績も優秀、そしてスポーツも得意という、誰からも好かれる女子児童だった。父親の葬儀には多くの親族や会社関係者、友人、そして若い男性教員のU担任をはじめ管理職等学校関係者が大勢参列した。母親とともにけなげに振る舞う姿に、多くの人がかえってT子さんの悲しみの深さを感じた。

2学期が始まり1週間が過ぎた頃から、T子さんの雰囲気が一変した。明るく振る舞う姿は消え、いつも一人でつまらなそうにしている。誰かが話しかけると一応返事はするものの、どこかうわの空で、話が弾むこともなく、明るい笑顔も消え、髪や服装の乱れも目立つようになった。

U担任はT子の変化について、やはり父親が他界したために落ち込んでいるのだろうと感じ、9月から数回の個人面談や三者面談を行った。本人からはやる気が湧かないとか、いつも独りぼっちのような気がして、教室に居場所がないという話があった。また、母親からは、部屋に引きこもりがちであると聞かされた。女性のWスクールカウンセラーから話を聞くと、自分自身に苛立ち、自分であることが嫌だと言っていたとのことだった。
U担任は「何か変だ」と感じ、自分だけでは対応が難しいとV校長に相談した。

背後の関係性に着目した対応

U教諭が感じた「何か変だ」という感覚が本質的な問題を把握するカギになります。T子さんの状況には次のようなことが関連していることがわかりました。

【状況の分析・把握】

① T子さんは父親をとても慕っており、母親以上に父親とは深い信頼関係があった。
② したがってT子さんにとって父親の死はとても耐えられない家族の喪失だった。
③ 母親には父親の他に別の恋人がいた。父の死後、心寂しい母親が度々その人を家庭に招いたので、T子さんは居場所のない感覚を強く感じた。
④ 経済的な問題もあり、母親はその人と同居することをT子さんに話した。それは、T子さんにとって父親の喪失と母親の裏切りという点で、二重の意味で耐えられないことであった。

⑤その結果、真面目でまっすぐな性格のT子さんは自分の存在に大きな疑問を感じ、夏季休業中で友人との交流も少なかったことから、初期段階の「うつ」を発症するに至った。

⑥母親はT子さんの変化に気づいたが、自分の気持ちや生活の安定を優先する結果となり、T子さんの症状が病気であるとは考えなかった。

V校長はU教諭からの相談を受け、Wスクールカウンセラーと相談しました。T子さんとの面談の後、T子さんの友人たち数人から話を聞き、リサーチを始めたWスクールカウンセラーは、V校長と相談後、T子さん宅を訪問し母親と面会しました。その結果、服装や食事、入浴などに無関心・無頓着なT子さんの状況を知り、「うつ」である可能性に気づき、V校長に報告しました。

報告を受けたV校長は、学校医から精神科のY専門医を紹介してもらい、早速対応を考えました。このように迅速な対応ができたのは、V校長自身が高校時代に母親を亡くし、その喪失感から生活が乱れ、危うく高校も卒業できない状況になったことや、再婚した父の姿に自分の居場所を失うような体験があったからでした。人生の中で苦労した経験が人との共感や対応には必要になることもあるのです。

うつ（病）の症状や原因

Y医師はV校長に次のように語りました。

①「うつ（病）」は、精神のバランスをとるための脳の力が衰えた結果生じる。憂うつな気分が継続し、生活への意欲（食欲、睡眠欲、性欲など）が低下し、心理的症状が長く続くと、それに加えて、腰や頭、体のあちこちなど、様々な身体的症状も伴うことがある（V校長は指導主事時代、うつ状態が腰痛や別の疾患を招いたことを思い出した）。つまり、精神を支える脳のシステムの不調が起こる。

②精神の傷も風邪やケガと同様、本来は薬を使わなくても栄養と睡眠を十分とれば、自然治癒力で症状が改善し治る。嫌なことがあって食欲が落ちたり、眠れなかったりしても、普通は一時的なものである。しかし、時間が経過しても症状が改善せず、悪化すれば「病」となる。

③T子さんの症状は、うつ状態だけなので「単極性うつ病」で、うつと躁の状態が交互に起こる「双極性うつ病」（躁うつ病）ではない。周囲が気づかない「軽症」ではなく、学業や日常生活、他人とのコミュニケーションが困難となる「重症」ではないが、「中

等症」であり、放置すると「重症」になる可能性がある。T子さんは父親の死後、母親の問題などで、自己の役割に過剰適応し、脳の力が弱まった「単発性」の「メランコリー型」であろう。

④「うつ（病）」の発症は特定の「原因」ではなく複合的な「要因」で起こる。最も大きいのは「環境要因」で、家族や親しい人など大切な人の死や離別、家庭や仕事、財産、健康など自分にとって大事なものの喪失、社会や学校での人間関係のトラブルなどが要因となる。これはT子さんの「要因」に該当する。

⑤T子さんの「性格傾向」も発症要因の一つである。義務感・責任感が強く、仕事熱心、完璧主義、几帳面、凝り性、常に他人への配慮を重視し、その関係を保とうとする性格だと、それだけ周囲への配慮や気配りのエネルギー放出が多い。特に今回のように努力の成果が出ない状況が続くと、頑張ろうとする精神のエネルギーが放出され続け、それが枯渇して発症する。

⑥最近の研究では、ストレスにより脳内神経細胞の情報伝達にトラブルが起きると考えられる。脳の中では神経細胞相互にセロトニンやノルアドレナリンなど様々な「神経伝達物質」が媒介し情報が伝達される。つまり、これらの物質の機能が低下しているということである。

V校長はこれらの話を聞き、自分だけで判断せず、Y専門医の見解を得て本当に良かったと感じました。

うつ（病）への対応と治療

V校長は今後のT子さんへの対応について、U担任、Wスクールカウンセラー、そしてY医師と検討し、次のような対策を立てました。

【コミュニケーション・ストラテジー】

❶「うつ（病）」には「休養」「薬物療法」「精神療法・カウンセリング」の三点で対応する

これは、例えば骨折と基本的には同じで、ギプスを巻きあまり動かさないように「休養」させます。また、腫れや痛みなど症状がひどければ鎮痛剤を服用します。症状を軽減し休養を有効にするためです。これが「薬物療法」です。最後にリハビリを行い、再度の骨折がないよう再発予防を指導します。そして、骨を強くするようにカルシウムを多く摂取するなど生活習慣上の対応を考えますが、それが「精神療法・カウンセリング」となります。

❷症状により期間を変えてしっかり「休養」する

使いすぎてしまった脳をしっかり休ませることが治療の基本です。また、骨折でも軽いひび程度の状態と完全に折れている状態、複雑骨折の状態では休養の仕方が違います。大人なら仕事を軽減する、残業をしないレベルから、仕事を休んで療養するレベルまで様々です。児童・生徒も自宅療養が良いのか、親戚などでの転地療養が良いのか、一時的に入院するのが良いのか検討が必要です。「体調不良」による欠席だと他の児童には伝えます。

❸「薬物療法」も必要に応じて取り入れる

精神的な苦痛がひどいと休養が十分とれません。また、先に述べたように、脳内神経細胞の情報伝達にトラブルがあるので、脳の機能的不調を改善し、症状を軽減するための薬物療法が必要です。薬に頼ることが嫌という人もいますが、身体の病気と同様、「脳という臓器」がエネルギー欠乏の状態で機能不全や障害を起こしているのですから、薬も使用することが必要と考えるとよいでしょう。薬としては「抗うつ薬」が有効です。それらは、もともと自分が持っているセロトニンやノルアドレナリンなどの神経伝達物質を有効に機能させるサポートの役割があり、主治医の指示に沿った一定期間の継続投与により効果が発揮されます。

❹「精神療法・カウンセリング」を必ず受ける

休養と薬物療法では「うつ（病）」は完治しません。環境要因も性格傾向も変わらないからです。精神療法・カウンセリングは、それらを補い、再発を防止するものです。児童・生徒の思考パターンや行動パターン（考え方や生き方）を考え、見直すことが必要で、そのための手助けが必要です。

精神療法・カウンセリングには「認知行動療法」「森田療法」「内観療法」など多様な方法がありますが、どれも「生きる力」を高める療法です。

いずれも医師や専門家が一方的に行うのではなく、ともに考えるという自主性も必要です。また、時には病気の原因となった外の環境を自ら改善するという強い意志と行為も必要なのです。

長期的な見通しを含む人間関係の改善

「うつ（病）」だけでなく、学校で生じる様々な問題の解決・対応には、時に専門家の知見が必要です。そして、そのための人的リソースのネットワークを日頃から構築するよう努力すること、また、自分だけでできないこと、自らの判断では不明なことは、一人で頑張るのではなく、遠慮なく、勇気をもって専門家と相談し、その人たちと適宜連携・協働して対応することがますます必要になるだろうと考えています。

第4章

保護者・地域とのコミュニケーションがうまくいく方法

1　学校への不信・不満をもつ保護者への対応

価値観の共有が必要

学校を経営・運営する上で保護者や地域との関係はますますその重要性を増しつつあります。学校と地域との連携が言われ始め、地域に開かれた学校づくりが話題となり、さらには「社会に開かれた教育課程」が新学習指導要領の中心キーワードとなったように、このことを教育の重要な課題として受け止める必要があります。特に、保護者との関係は、児童・生徒の様々な状況の背後には常に家庭や保護者があるということから、最も重視すべき課題であると考えます。

事例13　担任に対する保護者の不満

P中学校の校長に着任したA校長が保護者から苦情を受けたのはこれで3回目になる。すべて、B教諭の担当する学級、あるいは同教諭が顧問を務める部活に対する苦情である。保護者はB教諭の指導に納得がいかないのである。

Ⅰ年生の担任として勤務するB教諭は、隣市のQ中学校で6年間勤務し、若くして学年主任も務め、生徒指導の課題を抱えたQ中学校を落ち着いた学校に変えたという実績の持ち主でもある。

前校長からの引き継ぎでもあり、P中学校でⅠ年の学級担任に指名し、次年度からは学年主任にするつもりであった。しかし、P中学校は生徒指導よりもむしろ学力向上を目指し、よりレベルの高い高校への進学を希望する保護者が多い学区であり、赴任してからのB教諭はそのギャップに悩んでいた。正義感が強く、チームワークを大事にする指導が他の教員の指導とは異なるのである。また、サッカー部の顧問としての、どちらかというと個人の能力よりチーム力や協調性に重きを置いて試合出場選手を選ぶといった指導方針が、実力だけで一軍選手を決めた前顧問の方針と大きく異なり、実力はあっても協調性に欠ける生徒を主要メンバーから外すなどしたため、生徒のみならず保護者からも処遇に関するクレームが多く出た。

A校長としては、これまでの偏った指導方針を見直す良いチャンスであると感じ対応を検討した。


保護者や地域の意識や価値観が学校とは異なることはままあるものです。しかし、それが学校の経営方針や校長、教職員の意図と大きく異なっている場合、それらをどのように考え、どう対応すべきなのでしょうか。

中でも、学校への不信・不満をもつ保護者とどのように関係を構築するかは、学校全体の課題であり、特に経営層（校長・副校長・教頭・主幹教諭）が最も留意すべき課題です。

公共的サービスとしての学校の役割

公立学校は税金で成り立っているのだから、それ相応の市民サービスを行うべきだとよく言われます。確かに、他の公共施設と同様、そのような側面がないわけではありません。しかし、県庁や市役所などと同様に、この公共的サービスは民間のサービスとは大きく異なる面があります。学校は、必ずしも特定の個人や団体のためにサービスを提供するのではなく、一人ひとりの児童・生徒、市民の生活と文化を、全体として高める方向で機能するべきであるということです。もちろん、個人の能力や資質の開発に資する取組は必要ですし、一人ひとりの児童・生徒、そして市民の主体的な力や可能性を引き出すことは教育機関として当然求められることではあります。しかし、それらは「全体の奉仕者としての公務員」としてその在り方にも規定されている通り、常に社会全体、地域や学校全体のための方向性を重視する中で実現することが必要なのです。

一方で、学校に過度の能力主義や個性万能主義を取り入れるのは好ましくないと考えます。個々の児童・生徒の能力や可能性は、全体の中で高められていくことが必要であり、仲間や社会から切り離した主体性の重視は、学校という公教育のサービスには相応しくないと思います。

したがって、校長あるいは管理職は児童・生徒、そして保護者や地域に向けて、後に述べるような学校の方向性をきちんと明示すべきです。また、その方向で学校全体のベクトルが揃うよう教職員にも周知・徹底を図ることが必要です。

【コミュニケーション・ストラテジー】

❶個人の力量や主体的な能力は集団との関係の中で生み出されることが望ましい

個人の力量や主体的な能力はチームや集団の中で有機的に機能してこそ評価され、賞賛されるべきものであり、個々の児童・生徒の力量の向上もそれを支える集団（学級・学年・学級、部活動）との関係の中で生み出されることが望ましいし、そうすることが学校の使命です。

❷個人の資質・能力・可能性はつながりの中で育成されることが大切である

個人の資質・能力・可能性は大事ですが、それがチームや集団・学級・学年・学校全体とのつながりの中で育成されることが大切です。

❸学校教育の目的はつながりの中で個性や能力を育成すること

つながりとは別に育成される個性や能力は、あくまでも個人に属するものであり、学校教育の主たる目的ではなく、準ずるものです。

❹部活動は協働的な取組としての主体的な活動である

学校の部活動は、必ずしも個人の精神的・身体的な能力・可能性の発達のためだけに経営・運営されるものではなく、特別活動の位置づけのもとに、協働的・共生的な取組としての主体的な活動です。

❺学校の保護者・地域は所属するすべての児童・生徒のために応援・支援すべきである

学校の保護者・地域は特定の児童・生徒のみを支援するのではなく、そこに所属するすべての児童・生徒のために応援・支援すべきです。個別の児童・生徒の優れた成績や功績は個人に属するものであることから、それを過度に顕彰するのでなく、他の児童・生徒への模範として示すように努めることが必要です。

教師の指導性とアクティブ・ラーニングとの関連

以上のような考え方や方向性から事例のB教諭のことを考えるなら、このB教諭の対応や指導の方向性について、当該の生徒やその保護者、さらに他に関係する児童・生徒、そしてその保護者に対して、B教諭の指導方針の正当性や意義、価値などをきちんと公に説明する機会と場を設けるべきであると考えます。

また、教職員に対しても職員会議のほか、研修の機会と場を特別に設定し、校長自らが学校で育成すべき個性や能力について信念をもって熱く語ることが必要です。

現在、「主体的・対話的で深い学び」（いわゆるアクティブ・ラーニング）が学習の在り方として示されていますが、個々の生徒の成長や能力開発に関しても同様に、主体的な学びと対話的な学び、そして深い学びをそれぞれ別個にとらえるのではなく、相互関連の中で把握するように教職員等に指導すべきであると考えます。

2　クレームの多い保護者への対応

なぜクレーマーになるのか

「地域の中の学校」「地域に開かれた学校」から「社会に開かれた教育課程」となり、保護者・地域との関係はますます重要になってきています。そのような状況の中で、学校を代表する校長や要である副校長・教頭がどのように保護者・地域と接するか、これはますます重要な課題となります。

一方で学校の教育行為について、何かとクレームをつけてくる保護者がいます。一体、なぜそうなるのでしょうか。今回はそんな事例を取り上げます。

事例14　クレーマーと言われる保護者の背景

R中学校1年のC男の保護者は、小学校からクレーマーとして有名である。特に、父親のDさんは、やたら理屈っぽく弁が立つだけでなく、外資系の企業に勤めており、海外生活の中で独特の教育観を身につけている。それはつまり、税金を払っている市民として学校はそれに相応しいサービスを提供するべきだという考えをもち、それを強く主張するというものである。

11月下旬に行われる2学期期末考査の試験範囲が発表された際、美術科のE講師が示した範囲に、Dさんからクレームがあった。中間考査を行わない技能教科について、なぜ他の教科と同様の試験範囲にしないのか、特に美術科は夏季休業中の芸術鑑賞もその範囲に入っているが、それはおかしいとの指摘であった。電話での対応で、基本的にそれは教科の判断であると答えたF副校長に対し、これは単に美術科という一教科の話ではなく、学校全体の話であるから、校長と話をしたいというのである。

F副校長がE講師を呼んで話をしたところ、Dさんの要求はC男の美術科の1学期の成績が関係するのではないかという話になった。それは、C男が1学期の課題である風景画のデッサンや作品の提出が遅れたことと、その課題を振り返る期末考査問題を出したことで、範囲の重複が成績に影響したのではという連絡があったことからもわかるという。

G校長はDさんと直接話すことになった。

「主訴」を見間違う可能性

まず、G校長はDさんの「主訴」が何かを考えてみました。「主訴」とは患者が医者に訴える病気の主な症状ですが、保護者の訴えなどにも用語として使われる、最も訴えたい要求のことです。保護者のクレームは大体はベクトル（方向性）についての不満であり、必ずしも個別的な対応に関する不満ではなく、教師が考えていることと異なる場合があるとG校長は自らの教師経験から知っていました。ひょっとするとDさんの「主訴」を間違ってとらえているのではないか――そう考えると次のような疑問も湧いてきました。

【状況の分析・把握】

① Dさんの訴えの本質はE講師が言うように成績に関する期末考査のことなのだろうか。そうだとすると、なぜ1学期末に成績に関するクレームがなかったのだろうか。

② 試験範囲の内容についてクレームが来るというのは、あまり聞いたことがない。なぜ、そのようなクレームになるのだろうか。

③ 1学期の美術科の期末試験の内容の重複について、なぜそんなにこだわるのだろうか。本当にそれは自分の息子であるC男の成績に関する不満からきているのだろうか。

④　Dさんのもつ独自の教育観の内容や在り方はどこから来るのだろうか。学校＝サービスの提供者という発想があると考えられるが、本当にそうなのか。

⑤　海外生活の長いDさんの理屈っぽさにはひょっとすると傾聴すべき何かがあるのではないか。

G校長は以上のような疑問を感じながら、まずは校長室でDさんと面談することにしました。

Dさんを校長室に通し、まずコーヒーを入れました。来客には自分でお茶を入れるというのが、G校長の流儀でした。もちろん来客が多い時には事務室に連絡し、誰かにお茶を運んでもらうのですが、４人程度なら自分で入れます。お茶とコーヒーのどちらが良いかという問いに「ではコーヒーを」とDさんはすぐに答えました。「実は私もコーヒーが好きで自分で豆を買ってきます」というG校長の言葉にDさんは笑顔でうなずきました。「私もそうです」ひとしきりコーヒー談義があって、G校長はDさんに単刀直入に「今回はどうなさったのですか」と聞きました。

それから、およそ1時間Dさんと話し合い、G校長はDさんの本当の「主訴」がわかったのです。

保護者の本当の要求を引き出す

Dさんが G 校長に語った内容は次のようなものでした。ここでは、Dさんの言葉で示しています。

① 実は私はあまり子どもの成績について気にしてはいません。ただ「どうしてその成績になるのか」、そして「どういう在り方や状況がAなのか、Bなのか、Cなのか」をあらかじめ示すべきだと考えています。要はどうしてその成績なのか、子どもも保護者も納得できる説明がほしいのです。今回のように、予定や指導計画も事前に出さず、期末考査の前に急に試験範囲を示すことや成績の結果がこうだと結論だけ出すことはまるで「だまし討ち」のようなものではないでしょうか。私が知る海外の学校ではあり得ません。

② 日本の学校の先生方は保護者からの「質問」をまるで「詰問」のように受け止めているように思います。確かに私の言い方は強く、あまり日本的ではないかもしれませんが、それは外資系企業に勤める職業柄、言いたいことははっきり述べること、わからないことは必ず質問することが身についているからで、それが礼儀だと思っているからです。

わからないことは直接質問するようにとC男にも言っていますが、小学校の時、それで周りからのいじめや無視を受け、すっかり臆病になってしまったようです。彼が試験範囲や成績のことで不満なら、本当は自分で言うべきだと思い彼にもそう言っていますが、なかなか自分では言えないようなのです。

③日本の学校はとても閉鎖的だと思います。フランクに本音で話すことがなかなかできませんし、PTAや保護者会も本当のことを言わないようです。先生に気をつかいすぎのような気もします。その割には陰でいろいろ話しているのですが、私はそれも実に嫌なのです。

④本来、学校は地域の中の公共施設であるべきだと思うのです。まず、地域の子どもたちのために、そして地域の人たちのために何ができるかを一番に考えることがこれらの学校に必要だと思うのです。税金でできている学校が教育サービスを提供するのはもちろん当たり前ですが、そのサービスは本来、地域の人たちや保護者とともに考え、一緒に創り、提供していくものだと思っています。しかし、小学校でも地域や保護者は学校や子どもの教育のためにあるということばかり強調され、学校が地域や市民のためにあることや、学校も地域に一定の役割を果たすということを聞いたことがありません。

⑤今日、G校長と話していて初めて自分自身の考えていることが明確になり、学校に何

を求めていたかについて自分の考え方も振り返ることができました。それだけは良かったと思います。

懇談後、玄関までDさんを見送ったG校長は、改めて自分たちが当たり前のこととして保護者や生徒に要求していたことの理不尽さに気づいたのです。「なるほどね」と一人納得したG校長は、F副校長を校長室に呼びました。

学校の変革に向かって

G校長はF副校長とかなり長い間話をしました。そして、学校の経営方向を大きく変える方針を打ち出したのです。それは、次のような内容でした。Dさんの「主訴」をすべて受け入れたものではありませんが、その指摘には大いに考えさせられるものがあったのです。

【コミュニケーション・ストラテジー】

❶ 教師の保護者や生徒への姿勢を変える

学校や教師の思い込みで「主訴」を判断せず、まずじっくり相手と話し合い、話を聞くことが必要です。これは、上から目線で指導することではなく、相手に寄り添い、その訴えや求めることにしっかり対応すること、そしてその姿勢を学校全体で共有するということなのです。英語では、side by side（サイド・バイ・サイド）と言いますが、傍に居て寄り添う姿勢ということになります。学校や教師の方向性の大きな転換と言えます。

❷保護者の変化と多様性への柔軟性をもつ

グローバル化が進みDさんのように国際的な感覚をもつ保護者も増えつつあります。また、地域によっては、外国人児童・生徒も増え、その保護者が外国人であることも多くなっています。児童・生徒、保護者、地域の人も変化する中、学校だけがこれまでのやり方を是とし、それをそのまま押し通すことはもはやできません。相互に良さを認め合う姿勢で、より良い方向に改善していくという柔軟性がこれからの学校や教師には必要なのです。これは一種の意識改革であり、相手から学び続け、必要に応じて変化する柔軟性を大切にする姿勢をもつことが必要です。

❸目標と評価を明確にした指導を行う

G校長はF副校長と相談し、R中学校で来年度から「シラバス」（学習内容と評価を示した年間の学習計画書）を作成することにしました。シラバスとは、３年間にわたり、いつ何をどのように学習するか、各教科が何を目指し、何を目標として、どうなることが良いのか、月ごとに概ね何を学ぶのかという学びの見取り図のような資料のことです。G校長は副校長の時、隣の学校がそのような「シラバス」を作成していたことを思い出し、それを入手して、研究主任や教務主任とともに、全教科の先生方の協力を要請し、翌年3月までにそれらを作成し、4月に配布するという計画を立てました。これは、まさにDさんが求めていたことの具現化です。忙しいと逃げ腰の教員もいましたが、Dさんの主張の正当性を丹念に説き、生徒の学習中心の資料を作成することについて、学校全体で取り組むことになったのです。

❹ 保護者や地域の意見を積極的に取り入れる

今回のことで、G校長はDさんのような意見をもっと学校に取り入れることが必要だと強く感じました。そこで、来年度からコミュニティ・スクール、つまり学校運営協議会設置校となることを検討することにしました。その際に、クレーマーとして煙たがられていたDさんに、運営協議会のメンバーに入ってもらおうと考えました。Dさんの意見はG校長の意欲を引き出してくれました。また、新しい学校づくりに積極的に協力してほしいというG校長の依頼にDさんは快く承諾してくれたのです。学校組織づくりは、シラバスのように簡単にはいきませんが、教育委員会の支援も得て、実現したいとG校長は強く思っています。

人との出会いが人生を変える

Ｄさんの話はＧ校長にとって実に刺激的なものでした。教員の意識改革や学習と評価のためのシラバスの作成、そして学校経営の新しい方向と、今後の展開に何かワクワクするＧ校長でした。一人のクレーマー（実はそうではなかったのですが）との出会いがこのような展開につながったのだとＧ校長はしみじみと思いました。

「あの時、Ｄさんにコーヒーを入れたのがすべての始まりだったな」――そう思いながら、Ｇ校長はコーヒーを入れ、戦略会議のためにＦ副校長を校長室に呼びました。

3　ＰＴＡなど学校支援組織の保護者への対応

ＰＴＡの役割

最近ＰＴＡ役員のなり手がいないという話をあちこちで聞きます。学校関係者ばかりでなく現職ＰＴＡ委員の方々からも、役員のみならず学級ＰＴＡでも委員の後継者がいなくて困っているという話も聞きます。

小学校や中学校の保護者は、年齢的にも企業や組織の中核となっており、さらには共働きの家庭が多く、なかなか学校に時間を割くことができない現状もあります。また、せっかくＰＴＡ役員になっても仕事との両立が難しく単年度で辞退する方が増えているようで、組織としての系統性や継続性にも課題があります。

保護者との関係は学校経営・運営上大変重要であり、対応がまずくてトラブルになったり、学校や学級を支える保護者の機能が低下したりといった厳しい状況も増えています。

ＰＴＡなど学校支援組織の保護者にどのような対応をすべきかを考えてみます。

事例15　行き詰まるＰＴＡ運営

Ｓ中学校ＰＴＡは、今年度から市立中学校連合ＰＴＡから離脱し、独自の保護者会組織となった。これについては、二つの理由があり、一つはこれまでＰＴＡ役員が兼務していた連合ＰＴＡ役員への希望者が皆無だったことである。また二点目として、学校内のＰＴＡ役員も自薦・他薦とも候補者がなく、会長・副会長だけでなくＰＴＡ三役も定員に満たないという状況から、ＰＴＡ組織そのものの設置が難しくなったからである。現在「保護者会」ということで、各学級から学期ごとに代表を二人選出し、その集合体として学年や全校の保護者会を運営するということになった。

Ｈ副校長は本年度着任したＪ校長の指示を受け、この保護者会を効果的な学校組織として再生し、できれば来年度は再度市連合ＰＴＡに参加することができるよう方略を立てている。しかし、実際のところ、対応を検討しつつあるとはいえ、一体どこから手をつければよいのかよくわからない状況である。

上部団体との関係の見直しと単ＰＴＡの在り方

学校のＰＴＡ組織には必ず上部団体があり、概ね区市町村のＰＴＡ連合会、その上の都道府県ＰＴＡ連合会、さらに全国レベルの組織があります。ＰＴＡ組織が弱体化する理由の一つに、このような連合組織への対応が難しくなりつつある点があります。これは、どのような組織においてもそうなのですが、上部組織をもつ団体は多くのエネルギーをその組織運営継続のために費やしている傾向が見られるのです。

ではそのような上部団体が全く不要かと言えば、必ずしもそうではありません。一人では難しいことも複数なら可能となり、集団となると強くなるというのは人間の特性であり、すべての組織に当てはまる原則です。

一例を挙げると、ある有名な民間人校長は、地区の校長会では他の校長が自分の言うことやすることを全く評価せず（そんなことはなかったのですが、そう思ったのですね）、彼には決して重要と思えない議題やテーマの会合ばかり行うため、その校長会を脱退しました。その結果、都道府県や全国レベルの校長会も自動的に未加入となりました。しかしそのせいで彼はますます孤立してしまい、地区内で様々な成果を上げていたにもかかわらず、その影響力は消えてしまったのです。

やはり上部団体とのネットワークや他からの情報をうまく活用し、つながりを生かすことが人にも単体組織にも必要なのです。いわゆる単ＰＴＡにとっても、大きな意味で保護者支援を効果的に機能させるためには、上部組織や他単体との適切な交流や対応力、情報力が欠かせないものです。オーガナイゼーション（organization, organisation）とはよく言ったもので、人の組織はある種有機的なものであり、上部組織や連合体組織は常に自然発生的に生じます。要はそれをどう生かすかということなのです。

しかし、逆に単体組織が上部団体や組織の手足となりすぎると、単体の活動自体が疎かになったり、本来の機能が失われたりすることもあります。そのようなことがないよう十分注意することももちろん必要です。

そこで、このような上部組織と単体組織との関係を調整する機能がそれぞれに必要となります。それが、媒介者の存在です。国同士のつながりや国際連合などの組織と同様、単体を代表する大使や派遣職員が絶対に必要となるわけです。

コミュニケーション・ストラテジーというのは単に言葉でうまくつながるというだけではなく、考え方や本質的な在り方を踏まえ、相手とのつながり方を変化させることです。

では、単ＰＴＡとしてどのような在り方が最善か、それを考えましょう。

単ＰＴＡの在り方に関する校長・副校長の助言

事例の場合においては、校長や副校長はどのようにＰＴＡや保護者会を支援し、助言すればよいのでしょうか。

【コミュニケーション・ストラテジー】

❶上部組織との関係の見直し

上部組織との関係を見直し、かつて役員で現在任を外れた方や前年度役員であったＯＢ（これはその学校の現保護者やＰＴＡ会員でなくても可能のはずです）に特別任用の形で上部組織あるいは他組織の調整担当になっていただきます。

❷ＰＴＡ役員の人選の工夫

ＰＴＡ（あるいは保護者会）役員は、例えば中学校では中堅学年である２学年の保護者に、小学校では最上級学年手前の５学年の保護者にそれぞれ担当していただきます。また、最高学年である３学年や６学年の保護者には会ＯＢとして上部団体や他団体との関係を調整するコーディネーター役やＰＴＡあるいは保護者会行事のみの特別担当役員をお願いします。

❸ PTA役員の副を選ぶ

ＰＴＡあるいは保護者会役員には必ず１学年下の保護者（小学校４年、中学校１年）にその副として入っていただきます。ただし、当該学年の委員（学年委員）との重複を避けることが望ましいです。

❹ PTA役員の範囲の拡大

単ＰＴＡ（保護者会）は児童・生徒の両親だけでなく、祖父母や叔父・叔母など親族も可能とします。また、会員の都合によっては、その家族が役員や委員、会員を代替できるようにします。

❺ 人的ネットワークの拡大

中学校の場合は小学校と、小学校の場合は中学校との関係をより強固に結び、人的ネットワークを広げます。この担当には、常に最上級学年（小学校６年、中学校３年）の保護者を当てます。

❻ SNSの活用

相互の連絡や上部団体、他の組織とのやりとりは可能な限り、メールやＬＩＮＥ、フェイスブックなどＳＮＳで対応します。このことについては全員で研修会を行うなどして、ＳＮＳ活用を促します。

❼ 分担担当の依頼

行事や特定の活動だけを担当する実行委員的な担当者に年間を通してお願いする等も考えられます。

❽ 一部業務委託

コミュニティ・スクール等、独自色の強い学校では、民間への業務委託（有料です）も可能です。

全体として、一部の保護者に負担が偏らないよう常に心がけ、ＰＴＡや保護者会への参加者数を増やし、個々の会員のネットワークを増やすことで保護者全体のつながりに関する主体的な能力を高めるよう工夫すればよいと思います。そのためには、校長・副校長がこの方針でリーダーシップを発揮することと保護者への的確な説明が不可欠です。

4 学校運営協議会委員など地域の方への対応

社会に開かれた学校のために

「社会に開かれた教育課程」が新学習指導要領のキーワードとなっています。「地域に開かれた学校」から一歩も二歩も進んでおり、学校教育の中に「社会」や「地域」が入ることを推奨しています。

コミュニティ・スクールでは学校運営協議会を月に1回程度開催している場合もありますが、学校評議員や学校運営連絡協議会委員（学校運営協議会とはずいぶん違いますが）なども含め、地域の方々との関係は学校にとり非常に大切なものです。

これまで小・中学校中心だったコミュニティ・スクールも、都道府県立の高等学校や特別支援教育校への導入が急速に進みつつあり、まさに地域との関係や連携・協働なくして学校経営や運営が考えられない時代なのです。

事例16 コミュニケーションに問題がある教頭

T中学校はコミュニティ・スクール2年目を迎えた。K校長と一緒に地域との対応をしたL教頭は昨年度定年退職し、現在は他地域の教育委員会で就学指導担当を務めている。大らかな性格なので教頭会の同僚や職員からの評判は良かったが、文書報告やICTには弱く、教育委員会への調査報告も時に電話をして締め切りを延ばしてもらうこともあった。

L教頭の代わりに今年度主幹教諭から昇任したM教頭は、極めて真面目な性格で、緻密できちんとした文書報告ができると教育委員会の評価が高い。

しかし、職員室で一心不乱に文書作業に向かう姿勢は教員には印象が悪く、忙しそうで話しかけることができないと多くの教員から苦情が入った。学校運営協議会やPTA役員からも、職員室で教頭に挨拶しようとしても、「眉間にしわを寄せたまま顔を上げられると気持ちが引いてしまう」と不評である。

K校長は対応を和らげるように注意したが、今度は「笑顔が引きつっている」という指摘を受ける始末。結局、M教頭の代わりに校長が直接対応することが多くなり、K校長は少なからず困っている。

教頭（副校長）の仕事とコミュニケーション力

教頭と副校長では大きく職制の違いがあります。教頭は文字通り教員の長としての役割がありま す。しかし、副校長は基本的に校長サイドの仕事をすることが多く、文字通り校長を代替できます。その場合、主幹教諭が教職員をまとめ、教頭の仕事を一部担うことになります。主幹教諭が経営層に入るのもそのためです。

ただ、いずれにしても教頭や副校長が地域やPTA組織の役員（副会長など）になっていることも多く、学校運営協議会では、メンバーではなくても、事務局代表として重要な機能を果たしています。そういう意味で、教頭や副校長はまさに「学校の要」とも言える存在です。

この事例では、教頭のコミュニケーション力が問われていますが、このコミュニケーション力は間違いなく教員にとっても資質・能力の核です。そもそも、学級経営や授業運営（経営）がうまくできない人が管理職や経営層になるのはおかしいのですが、実はそのようなコミュニケーション力のない人が実際に管理職試験に合格しているケースも多いのです（近頃、ますます多くなっているかもしれません）。事務能力に優れた教頭や副校長を上司である校長や教育委員会は高く評価しますが、本来の意味で多くの人を巻き込んで仕事をするには、事務能力よりコミュニケーション力の方がはるかに大切です。

人に会った時、笑顔で明るく挨拶できること、こんな単純なことが大きな影響を及ぼすわけです。勤務先の大学生にもよく話しますが、教師だけでなく、どんな仕事に就くにも、挨拶や笑顔はまさにコミュニケーションの原点なのです。

教頭（副校長）としての気配り・配慮

職員室の「要」である教頭（副校長）なら、校長に対して「忖度」したり、出張の時に鞄を持って校長を玄関まで送ったり（校長がそれを求めたりすることも問題がありますが）、来賓が来校・退校する際に玄関で下足を出し入れしたりすることなどよりも、もっと大切なことがあるはずです。それは、教職員が心地よく働けるよう心がけ、保護者や地域の方々が快く学校や職員室に入れるよう、各方面に気を配ることです。

その意味で、教職員の意識改革も必要ですが、彼らを指導する教頭（副校長）の意識改革も必要であり、ひいては校長の意識改革も必要であるということです。

それでは、教頭（副校長）にどのようなコミュニケーション・ストラテジーが必要でしょうか。次にあげてみます。

【コミュニケーション・ストラテジー】

❶職員室の長として、教職員の言動に最大限の注意を払い、それをほめ、時にきちんと注意すること

これは、ほぼ児童・生徒への対応と同様です。ただし、ほめる時は集団の中で大きな声でも構いませんが、注意するときは必ず個別かつ一対一あるいは校長とともに静かに対応すべきです。

❷誤解に基づく賞賛は滑稽ですむが、誤解に基づく叱責はモチベーションを一気に下げることを自覚すること

教職員は大人ですから、ある意味、生徒以上に敏感に反応します。人をうまく生かすためには、その人に敬意を払うことが必要です。諺に「○○とハサミは使いよう」とありますが、多くの場合、○○にしてしまうのも上司です。

❸保護者や地域の人々への対応では、席を立ち、きちんと正対して明るく笑顔で対応すること。可能なら教職員にも同じ態度で

「よくいらっしゃいました」という雰囲気が出るよう心がけます。「何しに来たんだ」という面倒くささが出てしまうような対応では二度と来たくなくなります。

❹電話での対応では、特に気を使うこと

声だけが頼りの電話では、相手の表情や動作が見えない分、声のもつ情報が数倍に拡大して伝わります。学校名と名前を名乗り、「お電話ありがとうございます」という気持ちで、あとで相手が電話をして良かったと思える挨拶をし、相手が電話を切ってから受話器を置くのが常識です。教頭（副校長）が率先してそのようにすれば教職員も見習います。

❺予約して来校する保護者や地域の方、研修会講師などは、来校予定時刻に玄関で待機し、帰りは玄関まで送ること

忙しい時は億劫でしょうが、相手は自分をとても大切に扱ってもらえたと思います。身内の教育委員会ばかりを大切にしても発展はありません。

敵を作らず、味方を増やす戦略の指導

以上は教頭（副校長）への戦略的対応の指導方針ですが、将来管理職になるすべての教職員にも当てはまることです。「手控え」として、ぜひすべての教職員に伝えましょう（教師の対応の対象が児童・生徒と保護者、来校者となるのですから）。保護者や地域の人は、お客様というよりパートナーなのです。

5　課題のある地域住民への対応

地域からのクレームに対する対応

地域は学校の味方――そう信じたいですが、いつもそうであるとは限りません。時に地域からのクレームやイチャモンに学校や教師は苦しめられます。

そんな時、学校の代表である校長や副校長（教頭）はどのように対応すればいいのでしょうか。

事例17　騒音被害を訴える学校近隣住民

U中学校は長い歴史を誇る地域の学校である。かつて学校の周囲には畑が多く、農家が点在していてのどかだった。しかし、近年最寄り駅に急行が停車し、駅に近い住宅地として急に開発が進んだ。中学校周辺にも家が増え、比較的若い世代が多いことで、小・中学校に通う児童・生徒が急増し、クラス増となった。

5月、校庭で運動会の練習を行っていたU中学校に、近隣住民から苦情の電話が入った。生徒の練習の声がうるさく、夜の仕事のため、昼間の睡眠が邪魔されている。また風が吹く度に校庭の砂塵のために家の洗濯物が汚れる。これらのことで、直接校長と話をしたいからすぐに対応してほしいと、厳しい女性の声である。

いますぐ学校に来るというので、出張中のN校長に代わり、Y副校長が対応した。やがて威勢よく来校したのは男性で、酔っているのかとても荒っぽい言動である。

Y副校長が校長室隣の会議室に通し、話を聞くと、中学校の真裏の家に住むMさんで、日頃から生徒の声や砂塵に悩まされているからこれから損害賠償を申請するという話であった。電話をかけた妻の具合が悪くなり、代わりに来たということで、昼酒を飲んでいた休日を乱され、迷惑で大変に怒っているとのこと。

30分ほど話を聞くと、学校の迷惑行為について告訴するつもりだが、嫌ならきちんと「落とし前」をつけろというのである。Y副校長が困っているところへ、N校長が出張から戻り、対応した。

相手の話を冷静に聞くための準備

出張から帰ったばかりのN校長は、全体の話がよくわからないことから、まずY副校長から話を聞きたいとMさんに申し入れて許可をとり、校長室で短い打ち合わせを行いました。そして、その際に次のような指示を出しました。

【状況の分析・把握】

①事務室に依頼し、校長室から会議室のMさんに冷たいお茶を運んでもらう

これは5月で初夏の気候だからというだけでなく、少しアルコールも入り、休みを邪魔されたと興奮しているMさんを落ち着かせるためでもある。ちなみにN校長は校長室に常に冷たいお茶を用意し、来校者との話が複雑になる時にそのお茶を出している。

②Y副校長の話を時系列で極めて冷静に聞き、メモをとる

N校長は、まずY副校長の話を極めて冷静に聞いた。そして詳細を尋ねながら小さなノートに自ら簡潔にメモを取った。多くの場合当事者はなかなかメモが取れないことが多いので、N校長は常に聞く立場の人がメモを取るよう心がけるとともに、教員にもそのように指導している。

③ボイスレコーダーで録音する許可を副校長がMさんからとる

申し出にある「学校の迷惑行為」について、それがどのようなものか、Y副校長から話を聞くとともに、再度、詳しく校長が直接Mさんから聞くことにした。そして、N校長はいつも用意しているボイスレコーダーを引き出しから取り出し、Mさんとの話を録音するように指示した。また、録音についてY副校長がMさんから許可をとる際に、これが校長からの指示であること、また行き違いがあるといけないので、学校への苦情や申し出は「記録」を取るよう教育委員会から指導を受けていることをきちんと伝えるよう指示した。

④運動会の練習に関することなので、担当である保健体育科の教員を1名同席させる

学校への苦情や申し出などは、常に校長や副校長だけが把握し、受け止め、対応すべきだと考える人もいる。しかし、課題解決のために担当分掌の運営責任者に同席してもらうことも時には必要であるとN校長は考え、可能な限りそのように対応している。これは、教員の分掌経営力や経営感覚を高めることでもあり、プロジェクト型のミドルマネジメントの実現にもつながるOJTの一つであるとN校長はとらえている。(1)

N校長は以上のような指示を出し、Mさんの待つ会議室に向かった。「改めて私から直接お話をうかがいます」とN校長は名刺を出しながら語り、Y副校長はボイスレコーダー

を示しながら、Mさんに録音の許可を求め、校長の指示と教育委員会での指導に基づくことを示した。冷たいお茶と時間の経過でクールダウンし、少し落ち着いたMさんは録音にこそかなり抵抗は示したものの、校長及び教育委員会の指示ということで、渋々録音を許可した。当然、Mさんの怒声の音量はこれらの処置で大きく下がった。

チーム学校としての対応

N校長は次のような方向でMさんと話し合いを行いました。

【コミュニケーション・ストラテジー】

❶ 学校が迷惑をかけていることについては校長が誠実に謝罪するとともに、運動会実施担当者の教師から児童生徒のために行う学校の教育活動への理解と支援を再度お願いする

地域の中の学校として、地域の支援と協力がなければ学校の教育活動は成り立ちません。校長に直接苦情を言いたい保護者の意向をしっかりと受け止め、まず迷惑をかけたことを校長がきちんと謝罪するとともに、学校の教育活動を現場で直接担っている教員（主幹教諭や主任教諭など分掌のリーダー）が当該の教育活動についてしっかり説明します。

本事例の場合は、学校行事である運動会の意義や価値、児童・生徒の主体的な取組の現

状などをきちんと話し、理解を得ることが肝要です。この場合、校長や副校長だけがこれを論じても相手の苦情に対する言い訳にしか聞こえないことがあります。そこで、児童・生徒の状況を具体的に把握し、その必要性や意義を最も強く感じている当事者として教員に説明をさせ、理解していただくように図ります。もし逆に、当該教師の教育活動に対する苦情が来た場合には、教員自身が必要な謝罪をするとともに、校長や副校長が学校経営者の立場から、その教育活動の意義や価値をしっかりと語ることが望ましいと考えます。

このように立場や役割を踏まえ、それを活用しながらチームとしての一体感を確保することが学校経営の要であると言えます。また、このような一体感を基に経営者である校長や副校長（教頭）と教員の信頼関係を築き、教職員や学校全体の雰囲気を高めることが経営戦略として必要です。これは校長・副校長（教頭）の職責であり、それなくして、児童・生徒が生き生きと学ぶ場としての学校を創ることはできません。

❷ 苦情やクレームに関する訴訟や「落とし前」については、毅然とした対応を取る

どのようなクレームであってもそこには一定の正当性があると考える必要があります。また、学校の教育活動の中に時には不適切な行為（体罰やハラスメント、児童・生徒へのいじめなど）があることも否定できない事実です。その際、学校や教職員、そして教育委員会は謙虚にその過ちを認め、直ちにそれを正すことが必要です。したがって、学校や教

育委員会による隠蔽や言い逃れなど、絶対に行うべきではありません。

ただ、教育活動の結果に伴う不利益の申し立てなどについて正当性を過度に主張し、学校や教職員の対応に対して不適切かつ強引な主張をすることについては、毅然とした対応が必要です。学校や教育現場は、すべての苦情や申し出をそのまま受け入れるべきだというわけではないのです。例えば、中学校野球部で生徒の打ったボールが駐車中の自家用車に傷をつけたなどのクレームについては、その真偽をきちんと確認し、確かに部活動中の行為での損傷かどうかを調べるとともに、高額の修理代の請求や恐喝まがいの行為などについては、校長をはじめ経営層の毅然とした対応が必要です(2)。

学校に直接金銭を要求したり、脅迫まがいの暴力行為を示唆したりするなど、犯罪行為に抵触する場合は速やかに警察に相談する必要があります。

また、たとえ訴訟や告訴をほのめかすなどがあったとしても、教育委員会あるいは都道府県区市町村と関係がある弁護士などにきちんと相談することが可能です。不当な要求や脅しに屈せず、時に毅然とした対応をすることが、児童・生徒の学びの場である学校を守ることにつながるという事実を意識すべきです。

❸ 不適切な行為は見逃さない

N校長のしっかりとした適切な対応は興奮していたMさんの気持ちを静め、冷静な判断をもたらすことになりました。しかし、もしそれでもMさんが暴力的・破壊的な行為に訴えた場合には、速やかに警察への連絡が必要です。学校や教師への暴力や器物破損等の行為は見逃さず、写真などを撮り、地元の警察に通報しなければなりません。

不当な行為には断固毅然とした対応を取りたいものです。それによって、児童・生徒の学びの場を守るとともに、教職員自体を守ることにつながります。不正や不適切な行為を見逃さないという校長や副校長（教頭）の姿勢が最も大切です。

不当な要求には毅然とした態度で

実はN校長の冷静かつ毅然とした態度や姿勢は、厳しい生徒指導対応の経験から生まれたものでした。昔、様々な問題行動が多発した時、その原因の一つに教職員の生徒への対応の不一致や一貫性のなさという問題がありました。一部の教員は、大人しく従順な生徒には原則通り強く指導するのに、力が強く影響力がある生徒は見逃したり弱腰の対応をしたりして、指導の公平さに欠ける点がありました。そんな同僚教師の不適切な行為は生徒に見破られ、生徒の不満と怒りを生み出し、大きな問題行動に発展したのです。いじめと同様、不適切な対応を見逃すことで、より大きな問題が生まれ、その対応に苦慮することになります。

相手が保護者や地域であっても、その不適切な行為を見逃さず、きちんと指摘し、必要に応じて毅然とした対応を取る。このことの大切さをN校長はかつて問題行動を起こす生徒や学校からしっかりと学んだのです。誰に対しても是々非々できちんとした対応が必要であり、公正さや公平さが良き集団や人を育てるのです。

注

(1) このことについては、拙著『なぜ、あの学校は活力に満ちているのか？――プロジェクト型経営のススメ』（東洋館出版社、２０１５年）参照。筆者の最終勤務校である新宿区立四谷中学校での実践を対象化して示した内容。残念ながら現在の四谷中学校の学校経営ではこのプロジェクト型マネジメントは実施されていないが、コミュニティ・スクールにおける地域と学校の協働活動にも参考になる（現在4刷と好評である）。

(2) 嶋﨑政男監修・株式会社コンテクスト制作・学事出版発行「映像で学ぶ校内研修教材 Vol.1〈ＤＶＤ〉保護者トラブル」この中の研修プログラム２（映像２）に詳細がある。本ＤＶＤシリーズは全5巻で、うち1～2巻は嶋﨑政男氏、3～5巻は筆者が監修。大学の教職課程の授業や校内研修会等で直接活用できるオートストップ機能搭載、ワークシート付ＤＶＤ教材である。http://www.gakuji.co.jp/book/978-4-7619-2021-0.html

第5章

教育委員会・関係諸機関とのコミュニケーションがうまくいく方法

1 学校行事に関する教育委員会との調整

周年行事を計画したものの……

学校と教育委員会の関係は一般的には支援的かつ協働的なものであると信じますが、時に相互に対立する難しい関係となる場合があります。それは、多くの場合、学校の目指す現実的対応と教育委員会の求める「規則や建前」との齟齬が現れるからです。以下はそのような事例です。

事例18 創立周年行事をめぐる学校と教育委員会の対立

P中学校は来年創立15周年を迎えることになった。かつての伝統的な二つの中学校（旧第一P中学校と旧第二P中学校）が統合されP中学校となり、その15年目ということである。この二つの中学校は戦後相次いで創立され、何かにつけてライバル関係で、どちらの同窓会も多くの卒業生を地域に輩出し、ともに地域に根づいた力のある組織となっていた。ただし、統合の際、旧一中の校庭や校舎をそのまま活用することになり、旧二中としては甚だ不愉快な状況となった。P中学校は旧一中そのものであり、我々の旧二中は廃校に甘んじたのだ、という思いが旧二中同窓会には強かった。そのため周年行事への関心も薄い。

旧二中はP市の商店街を学区としており、その同窓会は資金的に潤沢であることから、P中学校のA校長は今回周年行事を実施するに際し、改めてP中学校を地域の学校として位置づけ、P中学校同窓会に旧一中・二中の同窓会を統合し、P中学校周年行事基金を拠出してもらうという方向性をPTAや地域の協力を得て、打ち出した。

そのような学校の方向性に対して、P市教育委員会は、周年行事基金の募集などは学校自体がやってはならないし、ましてその中心に学校が入るなどはとんでもないことで、旧一中・二中からの同窓会資金の流用により学校行事である周年行事を行うことも認められないと、担当指導主事を通して学校に通告してきた。

周年行事を契機に、学区の小学校及び多くの卒業生が進学するP高校も含め、連合行事として同窓会と地域活性化につなげたいと願うA校長の思いは挫折しそうだ。

学校の統廃合は大変大きな課題です。生徒数が少なくなり、老朽化した学校施設の維持管理経費もかかることから、適正配置の方向で学校が統廃合することはある意味で仕方がないことです。また、財政的な課題の解決のため統廃合を急ぎたい行政の思いも理解できます。しかし、地域や卒業生の感情を十分に配慮して、例えば別の地域に新たな学校を別の名前で創設したり、同じ校地であっても全面的に建て替えたりして、統合前のイメージを完全に払拭するなどの方策が必須です。

建前と現実の溝

このP中学校の場合、統合に際してそのような配慮がなかったことから、学校としての一体感が不十分となり、同窓会の活動も統一されなかったのです。周年行事を期に、P中学校を地域の学校として正しく位置づけたいA校長の願いは実現が難しくなりました。

A校長は早速教育委員会に連絡します。P中学校の周年行事担当のB指導主事からは、次のような内容の話がありました。

【状況の分析・把握】

① 周年行事については、教育委員会事務局内で指導主事がそれぞれの学校対応をしてい

る。全体の足並みが乱れると地域差や学校差が生まれることから、Ｐ中学校の取組を認めることはできかねる。これはＢ指導主事の一存ではなく、教育委員会内部の共通理解であり、その変更も難しい。

② 学校が周年行事資金として取り扱えるのは周年行事用に支給される一定の金額の公費（50万円）のみであり、その他周年行事に必要な記念誌製本代や会場費、会議費など諸経費は教育委員会が直接支払うことになる。Ｐ中学校の周年行事基金の発想は他の校長との共通理解も難しく、またＰ中学校の学校経費として歳入することも難しい。

③ 周年行事の実施については、必ずしも教育委員会がすべて決定するものではないが、人権上の配慮や公平性などについてこれまでの前例を踏まえてより適正に行われるよう教育委員会が指導することになっている。このことについては、担当指導主事の指導にしたがって対応してほしい。

Ｂ指導主事の対応はこの話の限りにおいては概ね適切であるとA校長は納得しましたが、同時にこの対応ではＰ中学校の実情を反映することはできないと強く感じました。学校のためにも地域のためにも、ここは何とかしたいと思いました。

学校の取組から地域の取組への発想転換

A校長は状況打開を図るため、戦略を立てることにしました。ただし、教育委員会と対立して、軋轢を生まずにすむよう、別の方向を考えたわけです。それは次のような方向でした。

【コミュニケーション・ストラテジー】

❶周年行事がP中学校の取組ではなく、地域の取組であり、地域のイベントとなるような仕組みを考える

これまで大きな乖離や対立があった同窓会組織ですが、この周年行事を機会に歩み寄りの姿勢が出てきました。これは、地域にとっても幸いなことでした。なぜなら、旧一中・二中の同窓生の中にはそれぞれの地域で活躍するだけでなく、P市全体にも関わる仕事をする人々も多くいたからです。これらの人々のネットワークをうまく活用できればいいのではないかとA校長は考えました。そのためには何をどうするか、A校長は副校長や主幹教諭などだけでなく、PTA役員など保護者とも話し合うことにしました。

❷ 学校の行事と地域の行事を複合的に実施する

その結果、学校だけが周年行事を行うのではなく、地域合同のイベントとして複合的なＰ市の周年行事とすること、学校ではなく地域がその音頭をとることなどが提案され、実際の組織を設置することになりました。つまり、Ｐ中学校創立15周年実行委員会です。その組織は学校とは独立して、プロジェクトを組み、地域イベントとしての周年行事を行うことになります。学校の行事と地域の行事を複合的に実施するということです。

Ａ校長は「社会に開かれた教育課程」として、来年度の教育課程に学区内小学校及びＰ高校との連携や協働の授業を位置づけるべく教職員に協力を求めます。[1] また、翌年11月に実施する予定の周年行事をＰ中学校だけでなく、市の公共施設を会場として、多くの参観者を集めるための工夫をすることにしました。具体的にはＰ高校の管弦楽団とＰ中学校の吹奏楽部、さらには学区内小学校の演奏会など、多彩なプログラムを準備し、大きな地域のイベントとしたのです。

❸ Ｐ市の大きなイベントとして実施する

Ｐ中学校創立15周年実行委員会というプロジェクト型組織の力はＡ校長も予想しなかったような展開を招きました。Ｐ中学校自体が支払う資金は公的資金のみですが、周年行事の式典やイベントなど、周辺の企画や運営はもはや学校だけの取組ではなく、Ｐ市の大きなイベントとして、実施されることになったのです。

この裏には旧二中同窓会の力がありました。これまでP中学校の同窓会を横目で見ていた姿勢が転換し、次の統一同窓会の幹事となるべく、旧二中同窓会が本気で動き始めたのです。同窓生である商店街会長や商工会会長などの働きかけで、P市全体の町おこしの一環としての位置づけが確たるものとなりました。地域の力に敏感に反応する議会もこのイベントを歓迎し、逆に教育委員会に理解を求めるよう働きかけたのです。

A校長は地域の力の大きさを改めて知りました。教育委員会には事態を報告しましたが、想定外のことだったので、教育委員会や学校としては地域に対応するための「対応策」ということになりました。

❹ P中学校の取組は思わぬ波及効果を生んだ

この方向は学校の周年行事の新たな方向性を示唆することにもつながりました。前例踏襲型ではないP中学校の周年行事の取組は大きな話題となり、程度の差はあれ、P市の他の学校にも波及していくことになりました。それは、周年行事に伴う学校の負担の軽減にもつながるからです。P中学校の取組は思わぬ波及効果を得ることになりました。

周年行事に伴う学校の負担は正直あまり軽いものではありません。多くの学校が資金集めや保護者・地域の協力を得るために大変な努力をしています。また、現職の教職員のみならずＰＴＡや保護者も「運悪く」（？）周年行事の前後に役員になるなどすれば、非常に苦労します。さらに在校生も式典に参加したり、そのための練習に参加したりするなど、大いに努力し、相当の負担を強いられることにもなるのです。

周年行事は、その学校のＯＢや関係する教職員にとっては「思い出」に過ぎませんが、当該の学校の教職員、保護者、在校生にとっては強い圧力の中で完璧に実施しなければならない一大行事であるのです。

周年行事に限らず、行事の教育的意義は高く、それによって大きく学び自己を高める生徒もいることは間違いありません。しかし、すべて学校内で完結するという閉ざされた行事にするのではなく、Ｐ中学校のように地域とともに創り上げる地域のイベントという方向性を出すことで、それらを楽しみにしている多くのＯＢ等の支援も受け、地域の一大行事として担うことも可能なのではないでしょうか。Ｐ中学校の事例はそんなことを考えさせるのです。

地域に開かれた学校行事

運動会や文化祭、合唱コンクールなど、数多くの学校行事を実施するにあたり、騒音の発生や人々の頻繁な出入りなどに対して、地域に挨拶したり、ビラをまいたり、戸別訪問したりする事例が増えているようです。多様な価値観があり、寛容な人もそうでない人も混在する現代社会の中、それ自体は仕方がない現象であるかもしれません。しかし、学校が実施することを社会に開いていくことで、多くの地域の方々の認知度を高め、行事や活動に参画する地域の方々や支援者を増やすこともこれからの学校には必要なのではないでしょうか。

その一つがコミュニティ・スクールの取組ですが、そうでなくても社会に開かれた教育課程の一環として学校だけが担ってきた行事や取組を地域の方々と一緒に実施することで、相互の負担を軽減するような方法が生み出されるかもしれません。P中学校の事例はそのような取組の一環ですが、皆様の学校でも少し工夫すれば可能な実践が開発できるかもしれません。

学校と教育委員会の意見や考え方が対立した時、「ガチンコ対決」しても事態は少しも進捗しません。お互いに嫌な気分になるだけです。そうではなくて、A⇕Bとなっても、AでもBでもないCによって解決が図れることがあります。A⇕B／Cということです。対決の姿勢ではなく、第三の道を探すことの価値が今ほど求められている時はないかもしれません。

注

（1）貝ノ瀬滋監修、稲井達也・伊東哲・吉田和夫編著『「社会に開かれた教育課程」を実現する学校づくり――具体化のためのテーマ別実践事例15』（学事出版、2018年）。この本には「社会に開かれた教育課程」実践のための方向性や具体的取組が15テーマにわたって掲載されており、今後の学校の教育課程編成に大いに資する内容である。

2 人員配置に関する教育委員会との対応

異動の影響

学校の一番の味方は何と言っても教育委員会である、と強く言いたいところですが、実際にはなかなか難しいところです。小さな自治体から大きな自治体に至るまで、正直なところ、一つの学校だけを考えて教育行政を行うことはできず、当然、全体のバランスや人間関係、各学校の状況などを踏まえて様々な対応をせざるを得ないわけです。しかし、校長や教職員としては、何とか自分の学校がより良い方向に向かえるよう、教育委員会から人的・物的・経済的な基盤がほしいところです。

その基盤の最大の構造はやはり人的配置です。クラス数の減少に伴い教職員定数が少なくなることは学校にとって大変な課題です。また、人事異動に伴う組織体制も大問題です。今回はそのような事例を取り上げます。

事例19　人事異動の影響

年度末の3月になり、Q市Q中学校のC校長は思わず頭を抱えてしまった。それというのも、来年度の入学者減少により学級数が減り、それに伴い教職員定数が二人少なくなることが予想されるからである。さらにそれに加えて、来年度の異動人事にも困難が感じられる。かねてから職員室の雰囲気があまり思わしくないと感じられ、一部の保護者会役員からも、先生方の対応が今一つであるという話を聞く。Q市が学校選択制を取り入れているため、入学者の減少や学級数減もそれに関係しているかもしれない。また、長くQ中に勤務した生徒指導担当のD主任教諭が必異動となったほか、授業力に課題のあった英語科の新規採用教員のE教諭も卒業生を送り出した機会をとらえ、他地区への転出が予定されていた。

ベテランのD主任教諭に優るとも劣らない教員の異動を強く教育委員会に申し入れ、E教諭の後任には優秀な初任者か、力のある初異動者を人事面接で求めてきた。その結果、元気で力のありそうな新規採用教員の転入は予定されたが、一方で、生徒指導対応のできるベテラン教員ではなく、気弱で実際少し病弱の50代の教員が転入することになった。次年度の生徒指導上に課題が生じることがC校長にも予想され頭が痛いのだ。

学校の骨格や筋肉にあたるのは、施設設備や財政基盤であると思いますが、その中にある髄液や血液にあたるのはやはり「人」でしょう。どんなに校舎が綺麗で施設設備が整った学校でも、それを活用し教育を営む教員の力が発揮されないなら、学校力・教育力は上がりません。

この人的配置の問題は、どの学校も必ず直面することであり、最も重要な課題だと言えます。また、「異動は最大の研修である」とも言われ、異動に伴い教員も心機一転、様々な課題に対応する中で教師としての資質や能力、力量を高めていくのです。

校長は状況を正確に把握しているか

C校長の直面する課題を少し分析してみましょう。次のような課題がありそうです。

【状況の分析・把握】

①Q市Q中学校への教育委員会の対応は十分だったのだろうか

もしそうなら、他の学校との関係の中でこの対応になった理由は何か、C校長は十分把握しているのだろうか。

②職員室の雰囲気は基本的に校長や副校長（教頭）の責任であると自覚する必要がある

自分でもそのように感じ、一部保護者からも指摘されていたのに、校長としてその対応はしていたのか。また、そのことについて誰にいつ、どのように相談したのだろうか。

③人事異動は思ったようにはいかないものである

それなのに、教育委員会に求めれば簡単に実現すると考えていなかったか。必要な人事異動を「獲得」するには、どのような工夫が必要だったのか。

④C校長は人事異動によって学校が良くなるという「幻想」をもっていたのではないか

校長には人事権がない、とまでは言わないまでも、採用権や辞職させる権限を行使することは現状では極めて難しい。いわば「あてがい扶持」、つまり決められた人的枠組みの中で学校経営や教育活動を営むしかないのである。

「結果を出すのが経営者」であると言われます。常にそれを自覚するのは非常に難しいことですが、少なくとも結果についての責任は校長にあると考える必要があります。Q市Q中学校の現状とC校長が取るべきだった方向性、コミュニケーション・ストラテジーを次に考えてみましょう。

目的達成のための方向性

私たちはC校長の状況をどのようにとらえればよいのでしょうか。私が考えるコミュニケーション・ストラテジーとは、単にレトリック（話し方や伝え方）を直せばよいということではなく、対応の仕方を検討し、「目的が実現する」ための方向や対応策を考えることです。本件についてはおよそ次のような方向になります。

【コミュニケーション・ストラテジー】

❶ Q市教育委員会は、Q中学校の状況についてC校長が考えるほど深刻だとは思っていない

Q市には多くの学校があり、相対的に見て、Q中学校の現状はさほど大きな問題には映っていないのです。教育委員会に言わせれば、もっと大変な学校もあるということです。人事面接だけが学校の状況を把握する機会ではありません。C校長は日頃からより積極的に学校の現状を発信すべきだったのです。ひょっとするとC校長は自分の学校経営力に自信があり、自分だけでこの学校を良くすることができるという自負があったのかもしれません。その結果、教育委員会には「C校長は学校経営力があり、学校の状況を改善するための前提条件はある」と思われているのかもしれないのです。

逆説的ですが、C校長への評価が高ければ高いほど教育委員会からの支援は減ることになるのです。つまり、Q中学校は安心して見ていられる中学校だと見なされているということです。

学校が窮状を訴えるということは、校長であるC校長の学校経営力のなさを訴えることにもつながりますから、当然校長の評価は低くなるでしょう。しかし、それと引き替えにより多くの人的支援や教育的支援を受けられるということもあるのです。C校長がどちらの立場をとっているか、にわかに判断はしがたいのですが、「結果がついてくる」ことでC校長の次の評価は上がることになります。

❷ 職員室の雰囲気は基本的に校長や副校長（教頭）の責任である

この自覚があれば、副校長（教頭）、主幹教諭などとともに3か月程度でそれを改善することが可能です。もちろん、そのためには校長室にいるだけではダメで、児童・生徒、保護者、地域の人、そして教育委員会指導主事などと大いに話をし、コミュニケーションをとり本音を聞くことが必要です。そして、その姿勢を校長自らが示すことで、最初はさほど意識のない教員でも必ず変化することになります。

最も効果的なのは児童・生徒と話をすることです。その場として児童会や生徒会、委員会など児童・生徒の自律を促す組織があります。また、給食の時間や朝や帰りの学活、道徳や学級活動、総合的な学習の時間、校長が担当できる教科など、あらゆる場と機会を使って、学校の「雰囲気づくり」を演出することが大切です。

職員室の雰囲気が悪いと、多くの教員は職員室に居つきません。一部の「雰囲気を悪くする」教員だけが残っていることになります。職員室は副校長や教頭の管轄下にありますので、その改善は副校長に任せるとして、時に校長は直接教員に話しかけたり、別の場と機会（印刷室や教科教室、図書室など）で、同じ一教師として一人ひとりの教師に直接話しかけてもよいでしょう。特に、転入1〜2年目の教員などは前の学校の雰囲気との違いなどが語れますので、それを材料に話すことができます。また、放課後の茶話会や飲み会などをうまく活用するのもよいでしょう。

保護者や地域、時には指導主事などを味方にして、そこから発信してもらうことも可能です。校長が直接言いにくいことも指導主事なら言えますし、保護者役員や地域関係者の中には、当該学校に長く関わり、雰囲気の違いや変化を指摘できる能力や感性のある方もいるでしょうから、それを活用しない手はありません。

❸ 人事異動については、転出した教員とよくて同等、場合によっては（言葉は悪いが）それ以下の資質・能力の教員が入ってくることを前提にしたい

もしそうでなければ、校長の経営手腕に教育委員会が不安をもっているということになります。教育委員会の立場では、経営力のある安定した校長の下なら、たとえ多少課題のある教員でも何とかうまくやれるのではないかと思うことがあるのです。また、学校だけではなくあらゆる組織で、確かにそのような傾向や事例が多いのです。本当に力のある経営者や指導者がいる組織では、多くの成員が自らの資質や能力を高め、優れたパフォーマンス力を発揮します。もし、経営者として今自分にはそれができないと考えるなら、教育委員会にも学校や自らの窮状を大いに語り、実際に相談することで、多少自分への評価が低くなろうとも「実を取る」ことが必要でしょう。

❹ 人事異動により学校が良くなることは確かにあるが、まれであり、多くの場合それは「幻想」に近い

もし、当該校長の経営手腕に疑問がある、あるいは市の教育施策に必要で特別に強化が必要な学校として、急速に人材配置の必要があると教育委員会が判断し、対応したとしてもすぐには学校は変わりません。なぜなら、全体のパフォーマンスが低い組織では、たとえ有能な教員が転入してきたとしても、少なくとも1年程度は全体の様子をみることが多く、さほど主体的に機能し得ないからです。

もし、一度に多くの教職員を変えることで困難を抱えた学校を蘇らせることが可能かと問われれば、それは可能であると答えます。しかし、これまでの良い点や特徴も併せて失

うことになります。ちょうどそれは統廃合の学校のような状況です。一つのチャンスではありますが、同時にそれはピンチにもつながります。

優れた校長は、人事異動をさほど当てにはせず、「今いる教職員」「入ってきた教員」に応じて対応し、役職などにより一人ひとりの行動変容を図り、それによって意識の改革を促すのではないかと思うのです。

3年程度で学校が大きく変容したということがあります。そのような学校の校長は、いたずらに教育委員会からの評価にとらわれず、学校の現状を直視し、それらを正直に教員や保護者、地域の支援者、そして教育委員会に話し、相談し、ともに対策を考え、少しずつ着実に教職員を入れ替えながら、一人ひとりの成員に適した役割や立場を与えることで、教職員の資質・能力を高めつつ、学校全体の雰囲気を良くすることを経営の中核に置いているのではないでしょうか。それらの点については、成長が著しい民間企業（特に中小企業）から学ぶことが多いでしょう。これからの学校には、そのような中小企業経営者のような、社内ネットワークを構築しそれを活用する、独自の個性やリーダーシップが必要だと強く思います。

校長のリーダーシップ・コミュニケーション

校長としてのコミュニケーションを考えるにあたり、「それによって何が生まれるか」を常に考えることが必要です。自分の業績評価だけを考えるような校長など、さほど多くはないと信じたいのですが、実際には大企業だけでなく、教育行政区全体の組織の中での自分の業績を第一に考える人も少なくはないと思います。例えるならば、教育長を目指し、常に上昇志向でギラギラしているような人でしょうか。

しかし、組織のトップに立つ人間は常にその組織の最大の効果や組織内の成員の人生を第一に考えることが必要です。学校の場合は、最終的に児童・生徒の能力や可能性の伸長が最も考慮されるべきことですし、それに伴い、児童・生徒、教職員がより豊かに楽しく、生き生きと学校生活を送れるようにすることが校長の責任であると考えます。そして、それが実現するよう、校長として自らのリーダーとしてのコミュニケーション力、つまりリーダーシップ・コミュニケーション力を磨くことが必要であり、それが優れたリーダーの条件だと考えます。

3 教育委員会担当指導主事及び担当者への対応

学校と教育委員会の橋渡し役

学校と教育委員会の関係は単純ではありません。本来、教育課程の作成・管理・運営は学校（校長）の裁量のはずですが、どの都道府県・区市町村においても学校は「教育課程届の申請・受理」に関して、教育委員会の指導・助言を無視することはできません。

そればかりでなく、多くの場合「教育委員会のご意向」をうかがわざるを得ないことが生じます。例えば台風や暴風雨など荒天時の対応など、学校が勝手に決めることは少ないでしょうし、学校自体の横並び意識もあり、教育委員会の指導が必要と思う校長が多いはずです。

こうした教育委員会と学校との関係をスムーズにするためには、まずその地域を担当する指導主事や担当者との対話や対応が日常的に必要になります。

事例20　教育委員会との対応に問題がある教頭

　Ｒ中学校のＦ教頭は率直でざっくばらんな人柄で、教職員から人気があり、同校のＧ校長も彼の見識を買っている。学校経営に関するアイディアも率先して出し、若手教師を励まし授業研究を推進したり外部の研究会に派遣するなど、多くの功績がある。

　しかし、市の教育委員会との対応には問題がある。例えば、調査書類の提出締切日が学校に書類が到着した翌日だとわかると、非常に腹を立てて教育委員会に電話し、担当指導主事や係に文句を言ったり、提出日の延期を強く求めたりするのである。確かに市の教育委員会の落ち度ということもあるのだが、都道府県から市の教育委員会へ来る文書自体が遅かったり、大量の文書がメールのファイル送付システムで送りつけられたりする場合もあることから、必ずしも当該教育委員会事務局の対応だけが問題ということではないのである。しかし、Ｆ教頭の対応が原因で、教育委員会担当者からのＦ教頭はもちろんのこと、Ｒ中学校の評判も芳しくなく、Ｇ校長も時に嫌味を言われることがある。

　やがて教頭から校長になることも考えると、このままでいいとは思えないが、本人の性格の問題でもあることから、どう注意すべきなのかＧ校長は悩んでいる。

教師の一本気な性格は時に大切であり、それが児童・生徒にも良い影響を与えることがあります。しかし、学校経営に携わる教頭（副校長）や校長としては、それだけでは多くの問題や軋轢が生じることになるのは明白です。正直だから良いというものではなく、学校としてより良い関係を目指すという方向づけが必要になります。

現在、ネットワークの必要性や重要性が問われています。学校も様々なネットワークの中で児童・生徒の「学び」を促していく、そんな時代です。まさに「社会に開かれた教育課程」が求められるわけですが、それを実現するためにも、学校と教育委員会のネットワークを強化することが改めて重要です。

ネットワーク（関係性）マネジメントの必要性

学校組織は単に校長や教頭（副校長）などの管理職が教育委員会に対応するだけでなく、教員や児童・生徒の地域・保護者対応にも関わることになるので、その在り方として、より良い関係性を築き上げるネットワーク（関係性）のマネジメントが必要です。これが「戦略的対応」です。

これらは、パブリック・リレーションズ（ＰＲ）という概念に基づく発想です。日本ではＰＲというととかく広告（コマーシャル）のことだと思われがちですが、「戦略広報を

実現するリレーションシップ・マネジメント」というコンセプトが本来の在り方です。(1)

この「戦略的関係性構築に伴うマネジメント」は、企業経営のみならず学校経営にも必要であるとともに、学校経営者たる校長・教頭（副校長）、学校関係者には必須の考え方だと思います。

Ｆ教頭はこのような考え方をしていませんし、それを指導する立場のＧ校長もこのような認識に基づく対応ができていません。

戦略的対応に基づく教育委員会対応

では、事例のような場合、教育委員会への対応はどうあるべきなのでしょうか。

【コミュニケーション・ストラテジー】

❶ 教育委員会との関係は学校経営にとって必須のものであるという認識をもつこと

一般にこの認識は当然と思われますが、実は個人的な対応と組織的な対応とを混同すると両者にとって不都合な関係が生じます。個人の関係は好き嫌いですみますが、組織としての関係は役立つかそうでないかということになります。もちろん、個人の対応ではなく組織としての対応が学校には必要なのです。

❷ 組織としての教育委員会は立場や役割で機能していることから、個人の関係や個々の資質・能力・可能性は背後に隠れていることを自覚すること

どのような組織にも自分と相性が合わない人はいます。しかし、同時に「馬が合う」人もいるはずです。組織的対応だけではわからない個人的対応は常に立場や役割の陰に隠れています。そのことを理解し、人間関係を構築することが必要です。できれば、組織、ここでは教育委員会の中に個人的に話ができる人を増やしましょう。学校行事への訪問や個別的な訪問の際に、個人的な関係をうまく築く努力が必要です。

❸ 教育委員会の不適切な対応や理不尽な在り方については、個人ではなく組織で対応すること

不適切な在り方や行動について、教頭（副校長）個人として対応するのではなく、組織の長である校長に話してもらうことです。もし、それができないなら教頭会（副校長会）などの組織を効果的に活用し、その総意として会長などに話をしてもらうことです。組織の長は多くの場合、経験と対応力のある人がなっていることが多いので、教育委員会も無下には却下できないのです。個人的対応よりはるかに確かな戦略的対応が可能となります。

❹ 口頭ではなく文書で申し入れること

電話などの口頭での申し入れは往々にして無視されたり軽視されたりすることがあります。そこで、正式の文書による申し入れを、可能なら校長や教頭会（副校長会）会長と

の連名で文書で行います。場合によっては担当指導主事だけでなく、上司である課長（室長）や教育長（教育次長）などに提出することも可能です。ただし、直接的な要望ではなく、「このような文書を担当者に送付した」という内容にすることが望ましいでしょう。担当者の面子をつぶさないようにする配慮も関係性構築には必要です。

ネットワークの強化という戦略

「学校内外に多くの人間関係をもつこと」――これがこれからの教員には必要です。ましてや、校長や教頭（副校長）、管理職となっていく主幹教諭や主任教諭などは、外部に多くのネットワークをもつことで、自らの資質や能力を高めるとともに、自らの仕事へのメタ認知力を高めることができます。「ネットワークに埋め込まれた自らの学び」、これがこれからのネットワーク・マネジメントに不可欠です。

注

（1）井之上喬『パブリックリレーションズ――戦略広報を実現するリレーションシップ マネジメント〔第2版〕』（日本評論社、2015年）。

4　教育委員会指導課（室）以外の関係者への対応

教育現場の実践経験がない人たち

学校と関係するのは単に教育委員会指導課（室）だけではありません。指導主事や指導課長は基本的には教員、つまり教育委員会担当者として補され、充当された教員（管理職）です。したがって、経験もあり、基本的に学校の仕事がわかっています。また、教員の気持ちも概ね理解できます。

しかし、教育委員会でも指導課以外の担当者は新規採用や若手から係長や課長など管理職に至るまで、多様な職層ではありますが、皆、行政系職員であり、正直、教員としての仕事に精通しているわけではありません。もちろん中には学校現場に理解があり通暁しているベテラン係長や課長、あるいは部長もいますが、教育現場の実務経験があるわけではないのです。

一方、学校には教育委員会以外の関係諸機関との関係もあります。次のような事例について考えてみましょう。

事例21　プライベートで議員に話した内容が公に

　昨年度他市からS小学校に昇任着任したH校長は人的ネットワークの広い人で、教員時代から着任した学校周辺の商店街に挨拶に行ったり、居酒屋でいろいろな人と親しく付き合ったりして、地域に溶け込むのがうまく、極めて評判が良い教員だった。S小学校長に着任後も、地域と打ち解け、多くの仲間もでき、夜の会合も多かった。

　そのような会合の中にJ市議会議員がいた。「ノミニケーション」ですっかり打ち解けたH校長は、日頃から考えていた自分の学校改善の構想や学校統廃合に対する持論をJ市議会議員を含む数人に話し、大方の同意を得た。学校統合に対して前向きであるが、その際の留意点なども含めた内容で、J議員も感心して話を聞いていた。

　ところが2か月後、H校長は教育委員会からの呼び出しを受け、教育長室でK教育次長から厳しく注意を受けた。それは、市の基本計画や統廃合計画と大きく異なる別のアイディアやプランをJ議員が議会の要望として教育委員会に上げてきたため、混乱を招いたというのである。H校長は驚き、当惑した。

「開かれた学校づくり」は１９８０年代後半から臨時教育審議会答申を受け、学校改革の中心的課題として取り上げられました。また、新学習指導要領では「社会に開かれた教育課程」が目指す方向性として掲げられています。現在、学校と地域を結ぶ、地域学校協働本部構想やコミュニティ・スクール設置校の推進など、学校を取り巻く社会の状況はより地域ベースになりつつあります。

このような中、本来はH校長のような教員や管理職の在り方は、ある意味望ましいと言えるのですが、多少行き過ぎた感があります。どこに問題があるのでしょうか。

フォーマルとインフォーマルのネットワークの違いとつながり

この事例に近い経験が実は私にもあります。多少状況は異なりますが、私の場合は地域や支援者の方々との「熟議」があり、その中で私が話したプランが同席していた文部科学省の担当者やL新聞社の論説委員などの方々の耳に入り、その後の懇親会の中で話題になったのです。数日後、何とL新聞の社説に大きく掲載されてしまったのです。事前に掲載の話がなく、「先生の学校のことが載っていますよ」と研究会の会場で仲間から言われて初めて知りました。その後、教育委員会から事情聴取を受け、教育次長から強い指導を受けました。私は、自分の夢を語って何が悪いのかと思いましたが、教育委員会には学校統合の長期プランがあり、校長はそれを遵守することに努めてほしい、個人的な提案でそれを妨げるようなことはしないでほしい、ということでした。

これは着任早々のことで、私も不勉強でしたが、管理職は個人の意見表出も許されないのか、と改めて痛感しました。組織はその意向に反する者に不快感を示すだけでなく、その意見や人物を排除することがあるということです。

校長としては、フォーマルな立場や役割による関係性とインフォーマルで個人的な人間関係をうまく切り分ける必要があるのだと思います。

戦略的対応に基づく話し方と対応

では、S小学校のH校長はどうすればよかったのでしょうか。自省を込めてこの事例のあるべき姿、そしてさらにネガティブな要因を防ぐ対応策（これは教育委員会への対応でしょうが）を次に示しましょう。

【コミュニケーション・ストラテジー】

❶組織やネットワークの中にどのような人物がいるのか、その人の仕事や立場、方向性はどのようなものかを、あらかじめ知っておくこと。また、知るべく努力し、アンテナを張り巡らし

ておくこと

一般のコミュニケーションでも大事なことですが、相手をよく知り対応の仕方を考えることが大切です。これは自分の考えを曲げるということではありません。人はとかくフォーマルな場面とインフォーマルな場面とを混同し、それによって誤解が生じたり、トラブルを起こしたりしがちです。簡単なことではありませんが、「場面の意義や意味をメンバーの在り方によって調整する」ということです。

❷意見を述べる際には「これはあくまでも私個人の意見であり、所属している組織の意向や方向性とは異なるかもしれない」とあらかじめ断っておくこと

相手が良識を備え、フォーマルとインフォーマルの場の違いをきちんと認識している人なら特に問題はありません。しかし、自分が、それ以上に相手もそれを理解していない場合が多いのです。「ネタ」を探している議員やメディア関係者には特に注意が必要です。

❸マスコミ関係者や議員などには、「もしこれを取り上げるなら、あらかじめ内容を確認したいので連絡してほしい」ときちんと言っておくこと

マスコミ関係者や議員が悪いのではなく、自分がはっきりとその確認をとっていないことが問題だと考える必要があります。フォーマルとインフォーマルの仕切りをきちんとすることが必要です。

❹ 相手との信頼関係も時に裏切られると知ること

残念なことですが、相手と信頼し合っていたと考えても、立場や役割によりそれが裏切られることがあります。したがって、相互関係について常に確認すること、永遠不滅の信頼関係はないと悟ることが大切です。新しい関係を築くということは、関係を断つということも含まれるのです。「いじめ」の問題にも通じますが、自分をミスリードする関係をきちんと断つ勇気と決断を教えることが大事です。

❺ 長期間同一ポジションは腐敗を生むということ

これは教育委員会としての対応策でもありますが、校長も深く認識すべきことです。長い職務経験から言えることですが、一人の人間が同一ポジションに長期にわたって所属することはお互いにとってマイナスの原因になりかねないのです。「異動は最大の研修」であり、「異動による組織刷新の必要」は、どの職場でもどの立場でも言えることです。そして、その対策も必要です。

負のネットワークへの対応戦略

すべての組織・機構・機関はオーガナイゼーション（organisation）であり、ある種生き物のように変容・変化します。自分のもつ人間関係やネットワークも同様です。そこには以前とは異なる変化や進化が生まれます。より良くなればいいのですが、自分や自分の所属する組織、チームなどにとって負のベクトルが生じることもあるのです。そこにも十分注意を払いましょう。

5 関係諸機関との対応

社会に開かれた教育課程のために

「社会に開かれた教育課程」の実現を目指す学校づくり(1)に欠かせないのが、地域にある様々な関係機関との連携と協力です。「チーム学校」としての在り方も、どのような学校づくりをするかの学校経営も、地域にある関係諸機関との関係なくしてはあり得ません。

事例22 図書館とのタイアップのつもりが……

W中学校のA校長は新しい学校づくりの中核に読書活動を取り入れようと考えていた。A校長が教頭から昇任し、校長として初めて着任した小学校では、読書活動が活発であり、多くの児童が読書や読書活動に積極的に取り組み、学力向上に大きな成果を上げていた。このことから、国語科の教員でもあったA校長はぜひ図書館での読書の推進や読書活動の活性化をW中学校でも図りたいと考えた。

ところが、本来それに最も共感し取り組むべき国語科の教員は読書や読書活動に極めて消極的であり、「それによって一体どういう国語力が身につくのか」と公の席で述べるありさまであった。しかし、その代わりではないが、数学の教員で少し変わり者と自他ともに認めるB教諭が、どうしたことか読書や読書活動に積極的であり、自ら図書委員会顧問や図書館担当教員を担うと申し出たのである。

A校長はB教諭と一緒に図書館での読書推進や読書活動に着手することになり、最初の企画として地域の図書館であるW図書館との連携や協働を始めることになった。これにより、B教諭とW図書館のC司書とのタイアップが実現し、W図書館主催のビブリオ・バトルに図書委員会が参加したのである。

素晴らしい企画だと喜んでいたA校長のところにW図書館のD館長から驚くべき内容の電話が入った。それによれば、指定管理者であるW図書館の契約業務の中に学校との連携教育が入っていないので、やってはいけないと市直営の本館担当者から指導があったというのである。すでに保護者や地域にも周知してしまっていたA校長は驚いてしまった。

学校と図書館の認識のズレ

Ａ校長はその日の夕方、教育委員会に連絡することにしました。Ｅ担当指導主事は状況を確認するために少し時間がほしいということで、次の日に返事がきました。それによると、確かにＷ図書館の指定管理契約書の中には図書の貸出及び取り扱いの項目はあるが、学校との連携行事の実施について何も書かれていないということがわかったのです。そこで、Ａ校長はＢ教諭を校長室に呼び、これまでの経緯と今後の対策について話し合いました。その結果、次のようなことがわかったのです。

【状況の分析・把握】

① Ｂ教諭とＷ図書館のＣ司書は朝読書の際に、ブックトークを実施することで合意し、実際に全学年の各クラス１回程度実施した。これにより、学校図書館だけでなく、Ｗ図書館の貸出数も確実に増えた。

Ｃ司書のブックトークは大変うまく、10分間という短い時間に４冊程度の本を紹介し、生徒にも大変好評であった。これは、Ａ校長自らが見学しており、その事実を確認することができた。

②ところが、C司書はこの事実をW図書館のD館長には報告していなかったのである。それは、朝読書の時間はC司書にとって勤務時間外であり、地域のボランティアとしての活動だと認識していたからだとわかった。しかし、B教諭もA校長もこれはC司書の勤務であると認識していたのである。

朝読書でのブックトークは当然、C司書の勤務だと認識していたB教諭・A校長とW図書館のD図書館長の認識には大きなずれがあったことがわかった。しかし、このずれがD図書館長のちぐはぐな対応を生み、本館担当者との認識のずれにもつながった。

③W中学校の図書委員がW図書館でビブリオ・バトルを開催することについても、A校長とD館長との間に若干の認識の違いがあった。A校長は開かれた学校づくりのための方策であり、社会に開かれた教育課程につながる実践と認識していたが、D館長はW図書館活性化のための方策として認識し、両者の認識が本館に十分に伝わらなかった。

本館の担当者はこのビブリオ・バトルについて、W図書館館長からの報告しか受けていなかったため、この活動がW図書館自体の活性化方策としてとらえられたのだ。つまり、W図書館がW中学校を利用していると映ったということである。

④市直営の本館担当者がW図書館の契約内容を基に横やりを入れてきたとD館長は感じ、本館担当者と言い争う形になったことで、その余波でA校長にやや感情的に伝えたこと

がわかった。

学校への話し方がやや感情的であったことから、A校長も自分の学校経営方針に異を唱えられたように感じていた。いわば感情の連鎖が働いたのである。

A校長はB教諭と話す中で、実際の状況をきちんと分析することができ、それによって次の対応策を取ることができた。このことについては、B教諭の冷静で少しばかり皮肉っぽい見方や考え方が、ちょうどA校長のクールダウンにうまく機能したとも言えよう。また、この二人の関係をうまく調整したのは副校長だった。まさに「三人寄れば文殊の知恵」となったのである。

学校教育と生涯学習の協働に向けて

A校長は状況の打開を図るため、次のような対策を取りました。これについては、W図書館のD館長との調整が必要になりました。

【コミュニケーション・ストラテジー】

❶ 教育委員会の学校教育統括である指導課長に連絡し、そこから教育長に直接話をさせてもらうよう交渉することにした

どのような場合でも組織的な対応が必要ですが、このケースの場合、図書館行政は学校教育ではないので生涯学習課が担っています。しかし、だからと言って、直接、生涯学習課長や部長に学校の校長が話をしても事はあまりうまく進みません。生涯学習課長や部長があまり学校の現状を把握してはいないからです。

一方、生涯学習課の所管である図書館について学校教育担当の指導課長が交渉することはほとんど不可能とも言えます。残念ながら縦割り行政は教育にも及んでおり、この学校教育と生涯学習との関係は、上は文部科学省から下は区市町村の教育委員会まで変わらないのです。両者を統合しようという動きもないわけではありませんが、コミュニティ・スクールや地域学校協働本部関係、ＰＴＡあるいは保護者会関係、そして部活動など課外活動関係などにしかその範囲は及びません。このことに関して「餅屋は餅屋」の意識が多かれ少なかれあると思います(2)。

そこで、ここは両方の上司である教育長に直接話をすることが最も効果的です。基本的に校長の上司は指導課長（室長）ではなく、教育長です。本店の課長と支店長のような関係です。もちろんその際に、可能なら指導課長や生涯学習課長もその場に同席してくれれば理想的です。

❷ その上で、D館長と直接話をして、C司書の活動やB教諭との協働によるビブリオ・バトル

の意義や効果について共通理解を図り、双方にとって意味のある活動であることを再認識する

Ａ校長はこれらの活動により学校として学力向上などの成果を狙い、地域との連携を図るなど、より良い方向に学校のベクトルを促すことができること、それを必要とすることを率直に話しました。また、Ｄ館長はそれを受け、Ｃ司書のブックトークなどの仕事が勤務として認識できる内容であること、それによって図書館の成果である貸出数の増加につながったこと、Ｗ中学校図書委員会によるビブリオ・バトルが、図書館のイベントとしても利用者に対して効果的であることなどを理解しました。

このことを踏まえ、教育長からも生涯学習課長を通して、本館の担当者への確認と活動の見直しが改めて行われ、そのことがＤ館長に報告されたのです。一時は感情的になっていたＤ館長の気持ちも収まり、今後の対応への方向性も確認できたのです。

❸ 本館と指定管理者制度によるＷ図書館との関係改善について検討することになった。また、学校と図書館の新たな関係が見直された

指定管理者だけではなく、外部委託をする業者との関係がねじれてしまう場合があります。例えば、英語科の外部講師であるＡＬＴ（Assistant Language Teacher 言語補助講師）などの場合でも、英語科教員の指導と関係なく部分的に独立した指導が可能であり、あらかじめ作成されたプログラムが優先されるなど、授業全体をデザインする教師の意図や方向と異なる場合がありました。現在はこの学校現場とALTとの契約内容を見直し更新することで、適切な調整が可能となっています。

本事例も、本館担当者が危惧したW図書館の独断による学校教育を巻き込む契約違反ということではなく、図書館全体の活性化につながるのみならず、学校や生徒にとっても意義のある教育行為だということで、契約に示されてはいない新たな取組という位置づけとなり、今後の契約条件にも反映することになりました。また、他の図書館でも活用可能な先進的な事例として評価されることにもなったのです。

❹ 学校と図書館の連携・協働による互恵関係への認識と学校教育と社会教育を結ぶ生涯学習としての新たな展開への期待が生まれた

「災い転じて福となす」「ピンチはチャンス」とはよく言ったもので、この件により教育委員会内部の学校教育と社会教育を生涯学習の枠組みの中で連携・協働させる動きが活性化しました。具体的な方向性がわからなかった「社会に開かれた教育課程」や学社連携の教育活動について、新たな知見を求めるきっかけとなったのです。また、読書や読書活動以外でも、英語やプログラミング学習、その他体験活動など、学校ではできにくいことを社会教育が担えるのではないかという期待も双方に生まれました。

立場や役割を共有する者同士の話し合い

人は立場や役割で仕事をし、考えるものです。それらを捨ててフラットな話し合いをすることは極めて難しいことですし、上司がその気にならない限り、あるいは組織としてそのような場を意図的に設定しない限り無理だろうと思われます。

したがって、それぞれの立場や役割の中でより良い方向を検討することが必要ですが、今回の場合のように、必ずしも連絡や報告が上がってこない場合もあります。その際には、取組内容そのものについて、立場や役割を共有できる者同士で情報を共有し話し合うことが必要です。今回の事例では、朝読書のブックトークや図書委員会のビブリオ・バトルについて、校長と館長がそれぞれの立場や役割の中で相互に情報交換し、相互の意識や在り方を共有していたら、もっと別の対応ができたのではないかと考えます。

報告・連絡・相談について、担当からの情報を待つよりも自ら直接行った方が「話が早い」ことも多いことでしょう。立場や役割を同じくする人同士が気楽に「報連相」を行うことが、状況把握や情報共有を高め、様々な事態をよりスムーズに安定して動かすことができるのではないでしょうか。

注

（1）貝ノ瀬滋監修、稲井達也・伊東哲・吉田和夫編著『「社会に開かれた教育課程」を実現する学校づくり――具体化のためのテーマ別実践事例15』（学事出版、2018年）では、教科等を横断するテーマ型取組が記載されている。教科等での「社会に開かれた教育課程」については今後の課題である。また、まずはテーマに近い教科からの対応が比較的容易であると考える。

（2）栃木県や新潟県などを中心に学校の管理職や教員を社会教育主事として任用したり、社会教育主事資格を管理職要件として求めたりするケースがある。教員個人への負担は大きいが、効果の高い良質な取組である。筆者自身もコミュニティ・スクールや地域協働教育に取り組む中で、社会教育や生涯学習の方向に足を踏み入れ、現在、町田市教育委員会社会教育の会議長・同生涯学習審議会会長などを務め、学校教育と社会教育をつなぐ橋渡しの役割を担っているつもりである。しかし、残念ながら学校教育と社会教育との関係は、両者にとって相互理解が難しい領域であると考えざるを得ない。両者を媒介することができる、学校教育と社会教育・生涯学習の両方で仕事をする経験のある教職員や行政職員をいっそう増やすことが、今後ますます必要である。

【著者紹介】
吉田和夫（よしだ・かずお）
千葉県と東京都で国語科教員・指導主事・副校長・校長として勤務。退職後、一般社団法人教育デザイン研究所設立（代表理事・所長）。玉川大学教師教育リサーチセンター客員教授として、教職演習や教員養成を担当。日本大学文理学部教育学科非常勤講師、町田市社会教育委員の会議長及び文部科学省審査会主査の他、複数企業や一般社団法人の理事・監事などに従事。専門は国語科教育・学校経営（コミュニティ・スクール）・地域と学校の協働や共生など。
主な著書に、『なぜ、あの先生は誰からも許されるのか？―― 同僚・上司・子ども・保護者と上手につき合う』『なぜ、あの学校は活力に満ちているのか？ ―― プロジェクト型経営のススメ』（以上、東洋館出版社）、『これならできる！楽しい読書活動』（編著）、『これならできる！図書を利用した楽しい学習活動〈小学校編〉 ―― 探究的な学びを促す教科別事例集』（編著）、『「社会に開かれた教育課程」を実現する学校づくり ―― 具体化のためのテーマ別実践事例 15』（編著）、『小学校プログラミング教育がわかる、できる ―― 子どもが夢中になる各教科の実践』（以上、学事出版）などのほか、教育系論文など多数あり。

コミュニケーションがうまくとれる校長、とれない校長
―教職員、児童・生徒、保護者・地域、教育委員会等と上手につきあう方法―

2019年10月20日　第1版第1刷発行

著　者　吉田和夫 ©
発行者　安部英行
発行所　学事出版株式会社
〒101-0021 東京都千代田区外神田 2-2-3
電話 03-3255-5471
http://www.gakuji.co.jp

編集担当　花岡萬之
装　　丁　精文堂印刷制作室／三浦正已
印刷・製本　精文堂印刷株式会社

落丁・乱丁本はお取り替えします。　2019　Printed in Japan
ISBN978-4-7619-2579-6　C3037